中青年经济与管理学者文库

中南财经政法大学中央高校基本科研业务费专项“价值链视角下中国内外贸易成本变动的事实与影响测度”（2722020JCT003）

中国文化产业集聚的度量、成因及其影响

徐　静　著

中国财经出版传媒集团
中国财政经济出版社

图书在版编目（CIP）数据

中国文化产业集聚的度量、成因及其影响 / 徐静著
. --北京：中国财政经济出版社，2021. 12
（中青年经济与管理学者文库）
ISBN 978 -7 -5223 -1036 -7

Ⅰ. ①中…　Ⅱ. ①徐…　Ⅲ. ①文化产业－研究－中国
Ⅳ. ①G124

中国版本图书馆 CIP 数据核字（2021）第 272778 号

责任编辑：武志庆　　责任印制：党　辉
封面设计：智点创意　　责任校对：张　凡

中国文化产业集聚的度量、成因及其影响
ZHONGGUO WENHUA CHANYE JIJU DE DULIANG、CHENGYIN JIQI YINGXIANG

中国财政经济出版社 出版
URL：http：//www. cfeph. cn
E - mail：cfeph@ cfeph. cn
（版权所有　翻印必究）
社址：北京市海淀区阜成路甲 28 号　邮政编码：100142
营销中心电话：010 - 88191522
天猫网店：中国财政经济出版社旗舰店
网址：https：//zgczjjcbs. tmall. com
北京财经印刷厂印刷　各地新华书店经销
成品尺寸：148mm × 210mm　32 开　5. 875 印张　160 000 字
2021 年 12 月第 1 版　2021 年 12 月北京第 1 次印刷
定价：28. 00 元
ISBN 978 - 7 - 5223 - 1036 - 7
（图书出现印装问题，本社负责调换，电话：010 - 88190548）
本社质量投诉电话：010 - 88190744
打击盗版举报热线：010 - 88191661　QQ：2242791300

策划人语

题记：一个人的精神成长史，取决于他的阅读史。只有阅读能最有效地培养精神生活习惯，而好的习惯又培养性格，性格决定人生。

——我们自豪，因为我们就是创造这精神产品的人。

选择了飞翔，总能看到蓝天；选择了远航，总能感受大海。人生不仅要作出选择，也要坚持住自己的选择。学会计、当编辑是我的意外选择。人说编辑是为人作嫁，可是这一选择我坚持了30年，苦在其中，乐在其中，也算是有声有色。每当我把一本本好书呈献给人们的时候，我觉得我是“富贵”的人：富，不是你身上的钱财，而是你心里的满足；贵，不是你地位的显赫，而是你被人需要的程度。

书海探寻，情怀永恒

我要说，做编辑我幸运，因为我不仅是第一个读者，可以对作品“品头论足”，也可以对作品“生杀予夺”；更重要的是，这是一个有很高层次的平台，在多年与名家的交往和名著的“对话”中，深深地为他们的人格和才学所感动，被作品的精彩所吸引，这不仅使我“下笔如有神”，更使我的思想和灵魂也受到一次次洗礼和震撼，得到一次次升华。对于我的作者我的书，如数家珍，作者中不乏才学和为人同样过人的多位泰斗和“颜值高责任大”的众多才子佳人；策划的作品不仅立足专业还兼顾人文，也是情怀所在，专业加人文路才会更宽更远。

多年的体会是，作为一名编辑，起码要“三心二意”，即“责任心、细心、耐心”和“服务意识、创新意识”。要多策划一些拳头产品，用一个选题推动一个系统工程，用一个系统工程培养一个出版社品牌。给新入职编辑讲座时我做过一个比喻：编辑两项基本功，审稿——甚至要比博导审批学生论文还要全面、细致；选题策划——要像电影导演一样做“星探”，善于发现优秀作者和挖掘好的原创作品。记不清30年来我策划和编辑了多少书，组织和策划了大批教材、业务培训用书、通俗读物、理论专著等，有的获得过国家、省部级各类奖项，有的以其填补空白、社会热点、风格新颖、开拓尝试等特点受到读者的欢迎。正是：

一入书门情似海，
探寻经典职责在。
苦辣酸甜何其乐，
编辑人生也精彩。

想是问题，做是答案

众所周知，目前的图书出版业在行业竞争和纸质图书受到严重冲击的情况下，出版人无不感到莫大的危机。在这种背景下，我们还要积极应对，完善纸质图书的固有特质，拓宽纸媒的功能，挖掘出版内容和形式都精彩的原创作品，适应新形势下读者的更高需求。2017 年至今，在新的时代环境下不断出新，我又策划了多套系列丛书和单本图书，不乏名家著作、教材、学术专著和实务丛书等，继续为扶持学术研究和总结实践最新成果，在高端研究与专业知识普及和应用之间搭建一座座有益的桥梁。

每一个时代的经济环境不同，理论研究和实务探索所需要解决的问题也有所差别。当前我国处于新的历史时期，市场环境和组织模式不断演变发展、推陈出新，经济、管理、财税等领域的新理论、新思想、新方法、新工具也层出不穷。乱花渐欲迷人眼，击水三千浪几何？这些领域的研究人员被时代赋予了更艰巨的责任，也面临着更高、更多元的要求，我们不仅要具备更广阔的学术视野，而且要有更严谨的学术思维。

输在犹豫，赢在行动

《中青年经济与管理学者文库》的作者，都是我国经济与管理领域的中坚力量，也是未来的大家。他们中有些人潜心从事理论研究，有些人则深耕在实务一线，但无论现实身份如何，视野全都没有被拘泥在“象牙塔”内。他们从不同视角对市场经济的不同要素进行细致审视，然后汇聚于“财经版”这面旗帜之下，相互碰撞，彼此激荡，力求在市场经济转型升级的关键时期留下最新鲜的“中国印记”。

这些经济与管理领域的中青年学者，就是我国市场经济发展的潜力与优势，他们的研究成果，不仅将引领市场经济的各个组成环节向更科学、更先进的方向发展，而且将成为我国政府和企业在未来经济世界扮演更重要角色的支点与动力。祝愿这些中青年学者能攀上更高的学术之山，走向更远的研究之路，也期待宏观、中观、微观各个层面的市场参与者都能从这套文库中得到切实的启发与指引，在全面深化改革、增强发展活力的关键时期，发挥正能量和积极作用，为经济社会发展增添新的动力！——这也是我策划此套丛书的初衷。

作始也简，毕也必巨

2021年，是一个非凡之年，纵观世界风云，抗击疫情“风景这边独好”，“十四五”规划开局，我们喜迎建党百年。“其作始也简，其将毕也必巨。”从“开天辟地”“改天换地”到“翻天覆地”“惊天动地”，我们党经历了四个历史时期——救国大业、兴国大业、富国大业、强国大业，四件大事铸就了中国共产党百年辉煌。我们不禁感叹——风雨百年创辉煌，“天地”之间“有杆秤”。

2021年，还是一个纪念之年，出版社成立65周年和我从事编辑工作30周年。65年来，财经出版社始终坚持正确的舆论导向和鲜明的出版特色，努力为经济建设和财政工作服务，致力于为读者奉献经典作品，在中国财经出版传媒集团旗下发挥着更大的作用，取得更大的成就。作为一个有着20多年党龄的党员，我是生在新中国长在红旗下的幸运的一代，怀着对党无限的热爱和感恩，浓情做事、淡泊做人，用30年的情怀和坚守见证了出版业的转型，践行了编辑的天职，向党递交一份努力的答卷。

2017年策划出版《中青年经济与管理学者文库》至今已五年，得到了众多中青年学者的热烈响应与大力支持，文库诞生至今已囊括专著60余种，为中青年学者们提供了展示学术研究成果的平台，作者队伍不断壮大，作品陆续出版。如果您认可，如果您有意愿，欢迎您和您的朋友加盟我们的作者队伍！在中国财经出版传媒集团的“旗舰”下，中国财政经济出版社这“老字号”，一定励精图治，谱写新的篇章。敬请关注“龙媒玉制新书坊”微信公众号，我们用“龙的精神，玉的品质”来助力您实现梦想！

策划人：樊清玉

邮箱：qingyuf@ sina. com

2021年12月31日

国家将发展文化产业确立为“国家战略的重中之重”，文化产业发展成为“国民经济支柱产业”是必然的趋势。集聚式发展模式是文化产业扩大产业规模、提高生产效率、获取知识创新、增强产业联动效应的重要途径。近年来，我国各省市文化产业发展迅猛并初具规模，但是从空间分布格局和产业集中程度上看，集聚水平还是普遍较低，导致了无法形成规模效应，成为文化产业持续发展的掣肘。如何提高文化产业的集聚水平，有效地发挥出集聚式发展模式对产业乃至区域经济的推动作用，是文化立国背景下重大的理论和现实问题。

借鉴以往研究，本书利用2005—2015年我国31个省市文化产业的面板数据，计算文化产业的空间Gini系数、区位熵LQ、赫芬达尔指数HHI及其倒数，对31个省市文化产业的集聚程度进行定量刻画和分析。在传统区位优势理论、新经济地理理论和新竞争理论的框架下，对影响文化产业集聚的因素进行了实证分析；此外，基于不同类型的产业集聚及其动态外部性理论，从理论和实证两个方面考察了文化产业集聚的MAR外部性、Jacobs和Porter外部性对文化产业全要素生产率的影响，以此厘清文化产业集聚影响产业乃至区域经济增长的机制和途径。本书研究得到的主要结论有：

1. 在研究期间，我国各省市文化产业发展迅速，但是文化产业的集聚程度不高，无论是地区专业化、产业专业化、产业多样化集聚水平都远远低于制造业的集聚水平，且呈现出明显的区域性差异。但无论是东部、中部还是西部地区，绝大多数省市文化产业的集聚水平是在逐步提高的，集聚及其动态外部性对文化产业乃至经济增长的效应逐渐凸显。

2. 各省市文化产业的地区专业化、产业专业化、产业多样化集聚水平存在着较大的差距。东部地区文化产业空间 Gini 系数整体水平较高且逐年上升；中西部各省则整体水平较低且呈现出逐年下降的特征。文化产业区位熵 LQ 系数显示，2005—2015 年，除北京外，东部地区文化产业强省的区位熵系数均低落后于大部分的中西部省市。省级层面的 HHI 系数也呈现出与区位熵 LQ 类似的区域性差异，即西部地区文化产业 HHI 较高，东部地区除了北京和海南外，各省市 HHI 都比较低，中部地区 HHI 整体都很低。

3. 文化产业集聚影响因素的实证分析结果显示，人力资本不但会提高文化产业的空间集聚水平，还对文化产业的产业集中水平有着非常显著的积极作用；相关产业对文化产业集聚的促进作用未能充分发挥；道路等基础设施的建设与完善能够有效地推动文化产业的空间集聚；政府行为对文化产业的空间集聚和地区文化产业集中都有着重要的影响，其中，各类文化产业园区的建设能极大提高文化产业空间 Gini 系数，而地方政府对文化及相关产业的财政支持则对区位熵 LQ 有着更为显著的积极影响。

4. 对不同类型的产业集聚及其外部性对文化产业全要素生产率的影响的实证分析结果显示，各省市文化产业在省内的空间集聚以及全国文化产业向某些省份的集中都能够显著提高文化产业的全要素生产率水平，最终促进文化产业乃至整个地区的经济增长；文化产业园区的建设有利于提高全要素生产率；加大要素投入尤其是劳动力投入有利于提高全要素生产率水平。

基于实证分析结果，本书提出如下政策建议：

1. 中国东、中、西部三个经济区域在文化产业集聚式发展过程中，应该实施差别化的集聚发展模式：东部地区应以文化服务业为核心，提高产业内集聚水平，充分发挥 MAR 外部性，形成以创意人才为纽带的产业集聚与经济增长的联动机制；中西部地区则依靠自身的旅游资源或历史传统文化实现文化产业与其他产业之间的融合和联动，通过提高产业间集聚实现文化产业的快速增长。

2. 大力加强文化产业的人力资本投资，以创意人才集聚带动的文化产业集聚。各省市一方面要加大人力资本投资，提高教育、科学、文化和卫生的投入，培养大量的高质量人才；另一方面要完善人才利用和引进制度，在留住本地高质量人才的同时，积极引进海外、省外人才，通过人力资本的集聚促进产业的集聚。

3. 各省市应该因地制宜，加强基础设施的建设，提高公共服务业的共享效率。地方政府应该做好城市规划，加快对老旧城区和传统工业区的改造升级，融入现代化的建设元素，增强城市整体的文化气息，提升城市的文化形象，便于企业在城市文化气息浓郁的大环境下进行文化产业集聚；同时提高城市服务业发展水平，支持引导公共服务业的发展，对破坏公共文化环境的行为进行严格管制，在此基础上促进第三产业的发展；增强了社会包容度，给企业发展文化产业提供了合作的机会，促进文化产业和第三产业的融合，在城市里形成多个文化集聚区，可以创造更多的文化市场需求，改变因市场需求饱和而导致的企业投资不足，产业发展缓慢的状态，为企业再次进行文化集聚增加动力。

4. 促进文化产业与其他产业的互动与融合，充分发挥产业多样化集聚对文化产业乃至区域经济的推动作用。各省市应该通过“文化 +”，加速文化产业融入实体经济的态势，进一步促进文化产业与旅游业、金融业、信息业、服务业等产业的融合，不仅开拓文化产业的发展空间，而且还有助于推进供给侧结构性改革、推动整个国民经济转型升级。

5. 各地应该鼓励、规范文化产园区的建设，为文化产业集聚构建良好的平台和环境。中央政府应该注重重点文化产业的布局，选择一些具有良好经济能力和丰富文化底蕴的城市重点发展文化创意产业园区，并以其强大的辐射力带动周边地区的文化产业发展；地方政府应当因地制宜，鼓励和帮助有条件的地区利用区位优势，建立特色园区，在提高文化产业集聚水平的同时，避免文化产业园区全面铺开、结构重复的弊端，真正发挥文化产业园区在文化产业集聚式发展中的效应。

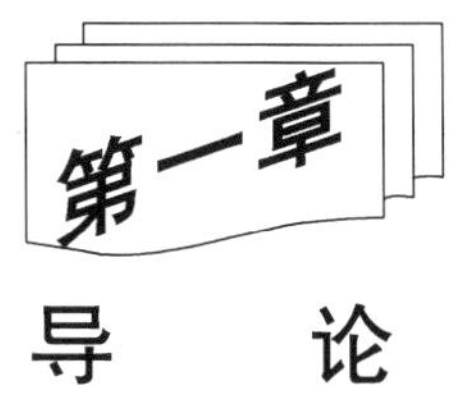

导 论

文化产业作为文化力量的主要载体，是推动一个国家或者地区持续发展、逐步增强国际影响力的关键产业。与此同时，文化产业以创造力和专业人才为核心，既推动了传统加工制造业的转型升级，又拓宽了服务业的发展空间。文化产业高知识性、高附加值、强融合性、资源消耗低、环境污染小、需求潜力大、市场前景广的产业特点，使其在过去30多年中发展迅速，逐步成为各国的新兴支柱产业和最具发展潜力的产业，占据了全球范围内产业竞争的制高点。美国、英国、日本等文化产业强国的发展经验显示，集聚式发展模式是文化产业做大做强的必然选择。如何提高我国文化产业集聚水平，进而通过规模效应推动文化产业乃至区域经济的发展？这是我国由“文化大国”成为“文化强国”战略背景下必须深入研究、认真回答的问题。

第一节 研究背景及意义

一、研究背景

（一）文化产业在各国的蓬勃发展

1. 全球文化产业市场规模大、增速快

“文化”一词源远流长、涵义深广，但是文化产业的提法以及独立作为新兴产业的兴起却是最近几十年的事情。继英国最早提出发展“创意产业”并初现成效后，美国的版权经济、日本的动漫产业、韩国的影视产业异军突起，成为各国支柱产业，在世界经济舞台上大放异彩。然而，由于国际上没有统一、权威的文化产业的概念、定义和分类，关于全球文化产业统计数据主要来源于部分国家或国际组织。目前使用最多的数据来自韩国文化振兴院（KOCCA）、普华永道（PWC）、世界知识产权组织（WIPO）和联合国贸发会议（UNTAD）。根据韩国文化振兴院（KOCCA）的统计，2014 年世界文化产业市场规模为 1.904 万亿美元，此后 5 年内都保持 5.0 %左右的年均增长率，见图 1－1。分区域来看，中、南非洲最少，约占 6.5%；亚太地区约为 27.4%；欧洲、中东、非洲市场约为 30.9%；北美市场份额最高，约为 35.2%。分国家来看，美国、日本、中国、德国、英国、法国、意大利、加拿大、巴西和韩国占全球市场份额的前 10 位。分部门来看，知识信息、广告、广播、出版、演艺行业占整个行业的前 5 位，比重分别为 28%、21%、19%、16%和 7%，见图 1－2。

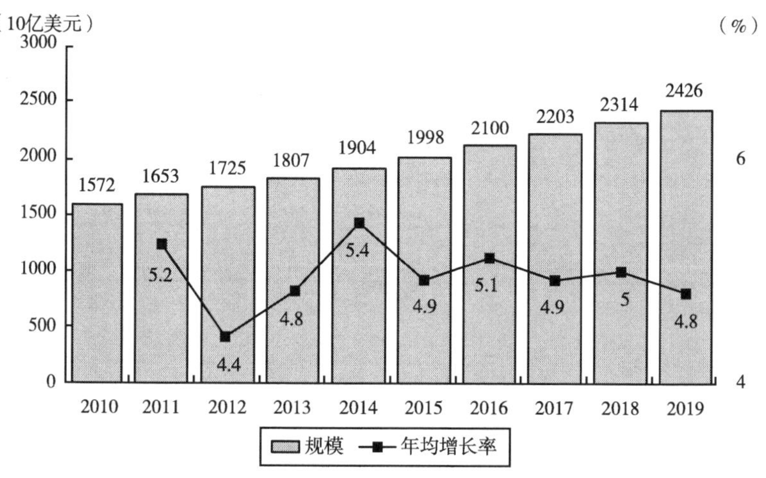

图 1－1　内容市场的规模、增长率

资料来源：韩国文化振兴院，www. kocca. kr。

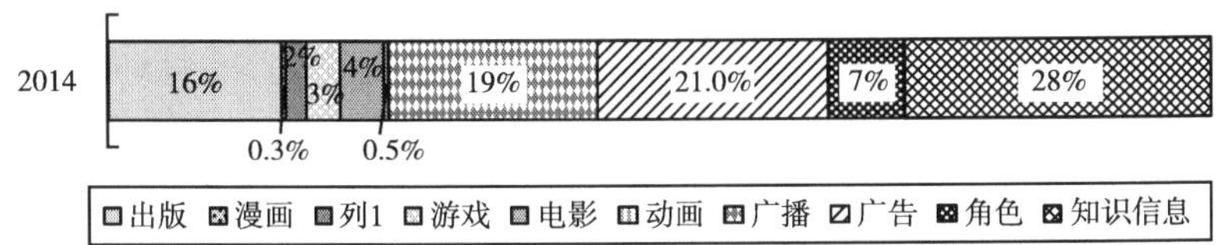

图1-2 2014年文化产业各子行业市场份额

资料来源：韩国文化振兴院，www. kocca. kr。

2. 文化产业成为经济增长、促进就业的新推力

自2008年全球性的金融危机以来，除中国等少数新兴国家外，世界各国经济普遍低迷、就业问题严峻。然而，文化产业却逆势增长，成为很多国家经济复苏、促进就业的新推力。根据联合国贸发会议（UNTAD）公布的《2013创意经济报告》，2012年，全球文化产业[①]对GDP的平均贡献率为5. 20%（见图1-3），被考察的40个国家中，90%以上的国家文化产业对GDP的贡献率在4%~11%，有10个国家在6%及以上。韩国、美国文化产业占GDP的比重最高，分别为11%和10. 5%；圣卢西亚、匈牙利、澳大利亚、圣基茨和尼维斯联邦、中国、巴拿马、新加坡、俄罗斯等国都在6%~10%；在荷兰、马来西亚等27个国家，该比率均高于4%。

就业方面，全球文化产业就业人数占总就业人数平均比重为5. 36%（见图1-4），其中，17个国家的该比重高于5%，80%以上的被考察国家的这个比重高于4%。菲律宾、墨西哥和不丹文化产业就业人数占总就业人数的比率最高，都在10%以上；圣卢西亚、匈牙利、澳大利亚等10个国家均在6%以上。中国作为新兴国家的代表，文化产业对GDP的贡献率为6. 2%；文化产业就业人数占总就业人数比率近7%。联合国教科文组织（UNESCO）的统计机构（UIS）在2015年公布的*UIS Survey on Cultural Employment*中，统计了近50个

① 此处采用的是WIPO界定和分类，WIPO将文化产业界定为版权产业。

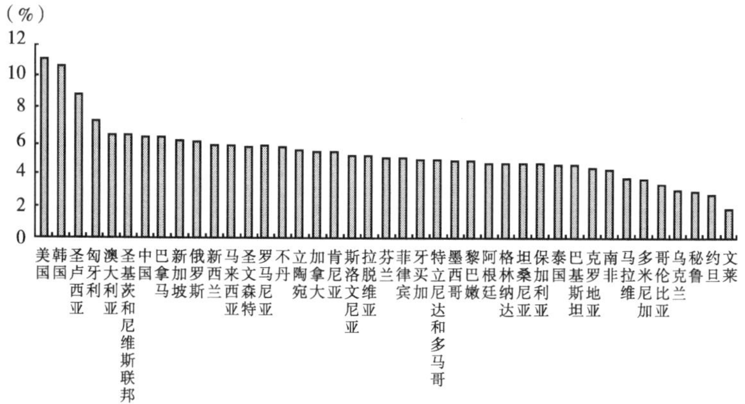

图1－3　各国文化产业对GDP的贡献率

资料来源：http：//www. wipo. int/export/sites/www/copyright/en/performance/pdf/economic_contribution_analysis_2012. pdf。

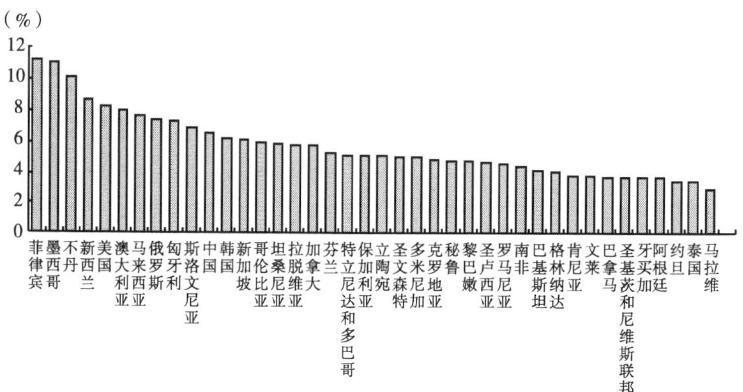

图1－4　WIPO统计的各国文化产业就业人数占总就业人数的比率

资料来源：http：//www. wipo. int/export/sites/www/copyright/en/performance/pdf/economic_contribution_analysis_2012. pdf。

国家 2014 年文化产业就业人数占总就业人数的比率（见图 1－5），虽然产业分类有所差异，但统计的结果与 WIPO 的相似：被考察国家文化产业就业人数占总就业人数的比率为 1%～11%。

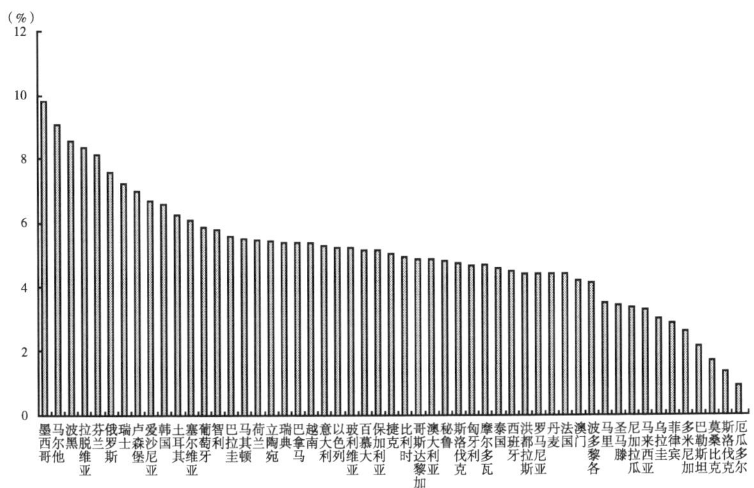

图 1－5　UIS 统计的各国文化产业就业人数占总就业人数的比率

资料来源：The UNESCO Institute for Statistics（UIS），2015。

3. 文化产品、服务贸易发展迅速

根据 UNTAD 的创意经济全球数据库①，2011 年，世界创意产品和服务的贸易总额从 2010 年的 5595 亿美元上升到 6240 亿美元（见图 1－6）。包括艺术品、工艺品、书籍、绘画和设计作品、时尚、电影、音乐、新媒体、平面媒体、视听产品等在内的创意产品和服务的全球出口额由 2009 年的 5360 亿美元上升为 2010 年的 5590 亿美元。目前，该产业的出口已经完全超过了金融危机前的出口最高值，即 2008 年的 6204 亿美元。2008 年以后，创意部门总体消费的轻微下降，主要是因为金融危机爆发后主要发达国家普

① UNTAD 将文化产业界定为创意经济。

遍上升的公共赤字、货币危机和高失业。数据显示，2002 年，创意服务出口额是 620 亿美元，到了 2010 年，出口额激增至 1638 亿美元，而到了 2011 年，创意服务出口额达到 1720 亿美元，不到 10 年的时间内，几乎翻了 3 倍，平均年增长率为 8.8%，其中，发展中国家的创意产品出口强劲，平均年增长率高达 12.1%。2011 年，创意产品和服务的总出口达到 2270 亿美元，占世界总出口的 50%，见表 1－1①。

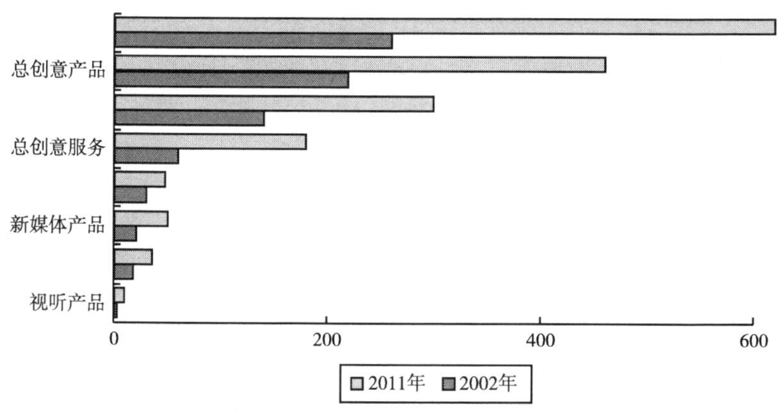

图 1－6　2002 年和 2011 年全球文化产品出口额（单位：10 亿美元）

资料来源：http：/ /www. untad. org/creative－programme or http：//unctadstat. unctad. org。

表 1－1　　2002 年和 2011 年创意产品出口　　单位：百万美元

	世界		发展中国家		发达国家		转型国家	
	2002 年	2011 年	2002 年	2011 年	2002 年	2011 年	2002 年	2011 年
所有创意产品	198240	454019	73890	227867	123169	222597	1181	3555
艺术工艺品	17503	34209	9201	23383	23383	10653	45	172
视听产品	455	492	35	90	417	400	3	2
设计	114694	301262	53362	172223	60970	127239	362	1800

① http：/ /www. unctad. org/creative－programme or http：//unctadstat. unctad. org.

续表

	世界		发展中国家		发达国家		转型国家	
	2002 年	2011 年	2002 年	2011 年	2002 年	2011 年	2002 年	2011 年
新媒体	17506	43744	4412	14607	13071	28918	23	219
表演艺术	2754	—	250	—	2478	—	26	—
出版发行	29908	43077	3157	8106	26061	33650	690	1321
视觉艺术	15421	31127	3474	9456	11916	21631	31	40

资料来源：http：/ /www. untad. org/creative – programme or http：//unctadstat. unctad. org。

（二）国内背景

1. 经济持续增长及产业结构升级——生产方面的发展需求

经过多年的高速经济增长，我国已经成为全球第二大经济体。2016 年，我国 GDP 为 11. 46 万亿美元，为世界第二大经济体；人均 GDP 为 8866 美元，虽然居世界 69 位，但是排名一直在上升。经济总体规模扩大后，经济结构的转型升级迫在眉睫。2016 年，我国三大产业在国民经济中的比重如图 1 – 7，尽管服务业在国民经济中的比重逐年上升，达到 51. 6%，超过第二产业的 39. 8% 和第一产业的 8. 6%，然而与其他国家相比，服务业在国民经济中的比重仍然偏低。以 2015 年为例，中国服务业增加值占 GDP 的比重为 50. 2%，然而，美国、日本、法国、英国、意大利、澳大利亚、荷兰等国均为 80% 左右，详见图 1 – 8。提高服务业，尤其是生产性服务业在国民经济中的比重，是我国目前经济改革的重点。

除了经济结构的调整外，我国高投资、高消耗、高浪费的发展模式不但导致经济低效率，同时也带来了沉重的环境代价。1990—2016 年，中国二氧化碳累计排放量达到 1464 亿吨，比居第二位的美国同一时期内的累计排放量多 1462 亿吨。欧洲、俄罗斯、印度和日本在美国之后分列第 3 ~ 6 位。具体对比情况见图 1 – 9。“高投入、高消耗、高污染、低效益”是我国宏观经济进一步发展的瓶颈。大力发展高附加值、低消耗、低污染、高效益的文化产业，不仅可以加速传统制造业的转型升级，还可以提高服务业在整个国民经济中的比重，成为中国经济社会的持续、健康发展的新出路，也是实现由“中国制造”向“中国创造”的经济转型的新模式。

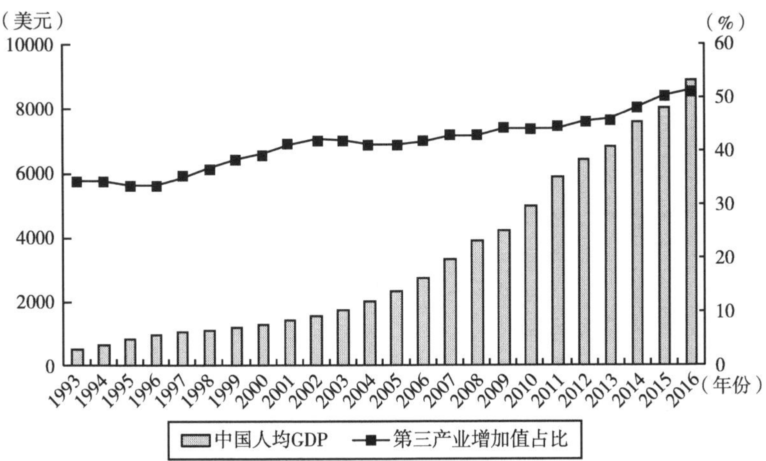

图1－7　1993—2016年我国人均GDP及第三产业增加值占比

资料来源：根据国家统计局数据绘制。

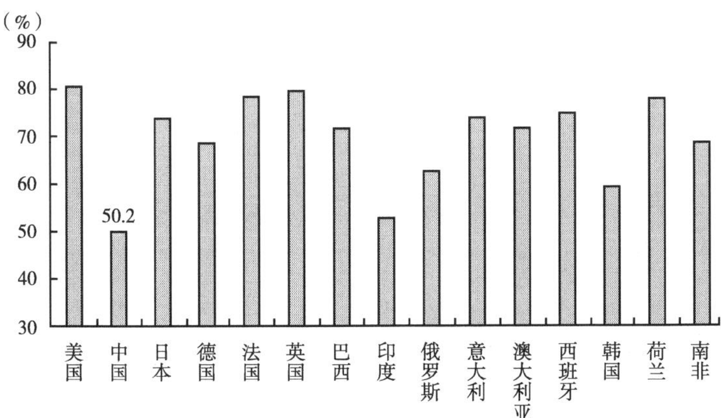

图1－8　2015年各国服务业增加值占GDP比重

资料来源：根据世界银行、各国统计局数据绘制。

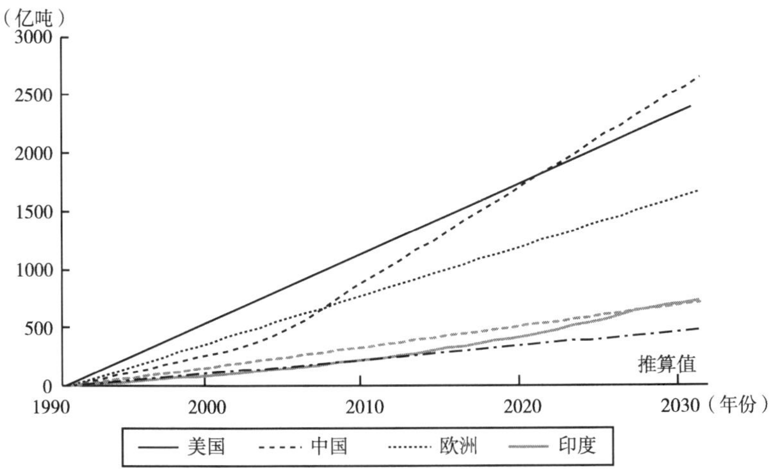

图1-9 各国和地区二氧化碳累计排放量

资料来源：http：//forex. hexun. com/2017-02-23/188268350. html。

2. 居民消费结构升级——消费方面的发展需求

2016年，我国人均可支配收入为23821元，人均消费支出为17111元。随着人均收入和消费支出的提高，城乡居民的恩格尔系数大幅下降，见图1-10。2016年，我国城乡居民平均恩格尔系数为30.1%，已经达到富裕国家的水平①。在此过程中，居民消费结构也出现了显著的变化：食物、交通、住房等基础型消费支出比重缓慢降低，享受型消费支出的比重逐渐上升，包括运动、娱乐、旅游、教育等。1995年，我国居民人均教育文化娱乐消费支出还不到500元，占人均消费总支出的比重不到10%；2016年，全国居民平均每人教育文化娱乐消费支出上升至1723元，占人均消费总支出的11%，见图1-11。全国居民在享受型消费方面的支出不断增加，对我国文化产业的发展提出了更大的市场需求。

① 联合国粮农组织恩格尔系数的划分标准：59%以上为绝对贫困；50%~59%为温饱；40%~49%为小康；30%~39%为富裕；30%以下为最富裕。

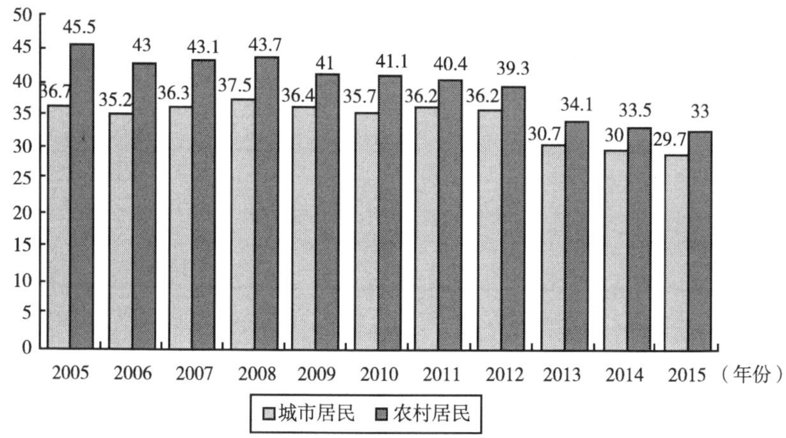

图 1－10　2005—2015 年我国城乡居民家庭的恩格尔系数（%）

资料来源：公开资料、智研咨询整理 http：//www. chyxx. com/industry/201707/538258. html。

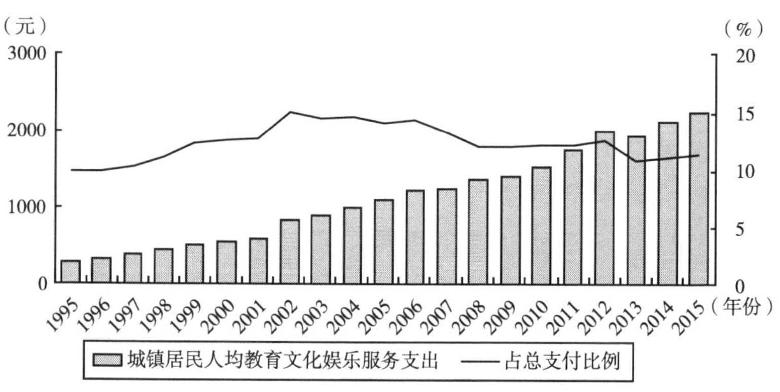

图 1－11　1995—2015 年城镇居民人均教育文化娱乐服务支出规模及占比

资料来源：根据《中国统计年鉴》历年数据整理得到。

3. 政府的推动

文化产业的发展离不开政府的引导与支持。以全球文化霸主美国为例，在文化产业成长的初期，美国政府通过减少税收、政府采购和汇率调节等支持性政策，强势推动了包括好莱坞在内的文化托拉斯快速发展和扩张；随着文化霸主地位的确立，美国相应地调整文化政策，一方面放开限制，倡导自由贸易和投资，在推动文化产品的对外贸易的同时，鼓励外国资本对美国文化产业的投资；另一方面完善知识产权保护方面的一系列制度，为文化产业的发展创造良好的法治环境。加拿大、英国、法国、德国等文化强国也通过税收优惠、资金补助、准入限制、贸易保护、制度完善、搭建平台等种种措施引导和推动本国文化产业的发展。从 20 世纪 90 年代开始，亚洲的日本和韩国也相继提出“文化立国”的发展战略，同时将文化作为国家经济发展的战略性支柱产业，通过投资支持、知识产权保护、出口奖励等措施加以扶持，在短短 30 年的时间中，两国迅速成为亚洲乃至世界的文化强国。相对而言，我国的文化产业起步比较晚。2000 年召开的党的十五届五中全会上通过的《中共中央关于制定国民经济和社会发展第十个五年计划的建议》，第一次提到“文化产业”的概念；2002 年，党的十六大报告提出积极发展文化事业和文化产业，深化文化体制改革；2006 年，文化部在《文化部关于文化建设“十一五”计划》中首次提出支持文化创意产业；2009 年国务院常务会议通过的《文化产业振兴规划》，是我国第一部文化产业专项规划，首次将文化产业定位为国家战略性产业；2011 年，党的十七届六中全会通过了《中共中央关于深化文化体制改革、推动社会主义文化大发展大繁荣若干重大问题的决定》，重申了发展文化的指导思想，首次将文化产业列为国民经济支柱性产业；2014 年，《国务院关于推进文化创意和设计服务于相关产业融合发展的若干意见》要求地方政府必须重视文化产业的发展。2015 年是我国文化产业发展的关键年，中共中央办公厅、国务院办公厅、国家广电总局、文化部、商务部、财政部、国家知识产权总局等相继出台重要的文化政策，总计28部；除贵州、西藏、青海、新疆、宁夏外，全国26个省（直辖市）都纷纷出台文化政策和指导意见，总计55项。通过各项文化政策，中央和地方政府一方面明确文化产业的支柱性战略产业地位，另一方面加大对文化产业的政策扶持力度，从财政、税收、金融、基础设施建设、公共服务体系建设等方面给予鼓励和支持。在各级政府的推动和引导下，我国文化产业发展迅速，尤其是在“十二五”期间，文化产业蓬勃发展，文化产业增加值从2010年的11052亿元增长到2015年的25829亿元，占同期GDP的比重从2.75%上升到3.82%①。

二、研究意义

（一）理论意义

产业集聚是经济学中重要研究主题之一，但是经典文献如Balassa（1966）、Greenaway & Milner（1994）、Balasssa（1985）、Lancaster（1975、1985）、Krugman（1991、1995、1999）、Martin（1999、2001）、Ottaviano（1999、2001）、Baldwin（1999、2000、2001）、Ellison（1994、1997、2010）大多研究的是制造业的集聚，探讨文化产业的空间集聚及其经济效应，有着以下三个方面理论意义：第一，采用衡量制造业集聚的指标，如空间Gini系数、赫芬达尔指数HHI、区位熵lQ等产业集聚指数，对文化产业在空间上的集聚现象进行定量，在扩展集聚问题研究领域的同时，可以弥补近年来文化产业集聚研究中定量分析不够的缺陷。在国外，Jayne（2005）、Scott（2006）、Evans（2009）和Ye

① 市场信息网．文化部部署“十三五”文化产业发展九大重点任务［EB/OL］．新华网，2016－06－30. http：//www.scxxb.com.cn/html/2016/zcfg_0630/189716.html.

（2008）等在分析创意产业专业化程度、产业集聚、空间分布之间的关系时，采用了区位熵和专业化系数 CS 等，但国内研究尤其是初期研究，如厉无畏（2005，2006，2009 等）、张冀峰（2009）、陈汉欣（2009）、胡晓鹏（2010）和卢玲（2011）等，在研究我国文化创意产业的空间集聚现象时，大部分采用的是定性分析。采用合适的、国际通用的指标来衡量文化产业的集聚度，既可以定量刻画文化产业的空间分布特征，又可以与国外研究进行横向比较。

第二，将文化作为一种资源、文化禀赋优势作为导致集聚的区位优势来分析文化产业在空间上的聚拢，可以打破传统经济地理在分析集聚原因时只考虑劳动力、资本、技术、区域政策等因素的局限。文化创意产业集聚的传统经济地理学解释是地区的要素禀赋，如 Allen（2004）、Lazzeretti（2008）、De Propis（2009）、Enrico Bertacchini 和 Paola & Borrione（2010）等分析了传统区位因素和创意产业之间的关系对集聚的影响；Porter（1990）、Scott（2006）等认为历史性、偶然性因素形成的传统产业聚集所带来的外部经济，是创意经济呈现出地理集中的主要原因；Jayne（2005）、Evans（2009）等认为各国政府刺激创意产业发展的政策，有利于形成创意商业集群。将地区的文化资源，包括文化遗产、旅游景区、图书馆、大学、文化馆、电影院等的数量进行主成分分析，形成区域文化禀赋，将其作为区位优势之一来探讨区域文化禀赋对文化产业集聚的影响，这种分析更符合文化产业这一特定产业的特点和实际情况。

第三，从 Marshal 外部性、Jacobs 外部性和 Porter 外部性的角度分析文化产业集聚的经济效应，可以区分同质集聚和异质集聚对经济的不同影响，更重要的是，可以为集聚的宏观经济效应和微观经济效应、直接经济绩效和间接经济绩效之间搭建理论桥梁。集聚的宏观经济效应主要体现在增加产出值、就业、对外贸易等三个方面，见 Baldwin & Forslid（2000）、Martin & Ottviano（2001）、Andari et al.（2007）、Cooke & Schwartz（2007）、OECD（2006）等，这些分析大多缺乏理论基础，只是以集聚度为主要解释变量，通过回归分析，研究集聚对产值、就业量、贸易额的影响。分别考虑文化产业不同类型的集聚及其外部性对全要素生产率的影响，可以为集聚的宏观经济效应找到合理的微观基础，同时也为分析集聚的直接和间接经济绩效提供理论支持。

采用空间 Gini 系数、区位熵 LQ 和赫芬达尔指数 HHI 及其倒数来定量刻画我国文化产业的空间集聚的各个方面的特征，分析文化禀赋与传统区位因素对集聚形成的影响，从 Marshal 外部性、Jacobs 外部性和 Porter 外部性的角度分析文化产业集聚的经济效应，具有一定的理论意义。

（二）现实意义

首先，文化产业的战略性地位。创意经济下，文化产业是当之无愧的战略性产业。文化产业在“十三五”期间被定位为国民经济支柱性产业，各级政府从区域经济发展战略的角度重视文化产业的发展，这将为文化产业的蓬勃发展提供前所未有的机遇。在此背景下，依照中央顶层规划、结合各地实际情况，研究并制订合理的文化产业发展策略，推动文化产业提质提效、变革升级具有重要的意义。其次，由于历史性和区域性差异，我国各地的文化产业发展并不均衡，出现一定程度的空间集聚态势，尤其是2005 年以后，文化产业集聚式发展模式日益强化。文化产业集聚可以使文化企业获取规模经济，降低生产和交易成本，提高创新能力，促进技术和知识溢出；但过度、无序的集聚又会导致要素成本上升、恶性竞争、产需脱节等问题。因此，文化产业如何确定合理的空间布局、适度的区位集聚、有效的集聚模式、科学的产业结构，是目前文化产业蓬勃发展背景下亟待解决的问题。最后，我国文化产业集聚的依托和载体——文化产业园区发展迅速，但问题突出。目前，我国各类文化产业园区已多达2000多家，各地文化产业园区发展迅速，成就显著。但是，由于产业形态相似、产业内容空洞、效率低下等问题，很多文化产业园区徒有虚名，甚至沦为各地圈地的噱头。文化产业应该在哪里、如何集聚？最适合的集聚规模是多大？这是文化产业发展不得不解决的问题。

本书围绕文化产业集聚这个主题，在定量描述和效率评估的基础上，探讨包括文化禀赋在内的区位因素对文化产业空间集聚的影响，随后分别从理论和实证两个方面，研究不同类型的集聚对文化产业全要素生产率的影响。本书研究对引导我国文化产业合理布局、推动产业结构的调整升级有着一定的理论和现实意义。

第二节 研究思路与基本框架

本书利用2005—2015年我国31个省市[①]文化产业的面板数据，计算文化产业的空间Gini系数、区位熵LQ、赫芬达尔指数HHI及其倒数，对31个省市文化产业的集聚程度进行定量刻画和分析。在传统区位优势理论、新经济地理理论和新竞争理论的框架下，对影响文化产业集聚的因素进行了实证分析；此外，基于不同类型的产业集聚及其动态外部性理论，从理论和实证两个方面考察了文化

① 本书研究的是我国省级层面的文化产业数据，文中"各省市"包括我国22个省（黑龙江省、吉林省、辽宁省、河北省、河南省、山东省、山西省、安徽省、江西省、江苏省、浙江省、福建省、广东省、湖南省、湖北省、海南省、云南省、贵州省、四川省、青海省、甘肃省、陕西省）、5个自治区（内蒙古自治区、新疆维吾尔自治区、广西壮族自治区、宁夏回族自治区、西藏自治区）、4个直辖市（北京市、天津市、上海市、重庆市），其中未包括台湾省、香港特别行政区和澳门特别行政区。为了行文简洁，全书涉及到样本对象时一律简称为"31省市"或者"各省市"。

产业集聚的MAR外部性、Jacobs和Porter外部性对文化产业全要素生产率的影响，以此厘清文化产业集聚影响产业乃至区域经济增长的机制和途径。

具体研究思路如下：

（1）文献综述以及数据库的构建。从文化产业集聚度的测量指标、空间集聚的影响因素、集聚的经济效应等三个方面进行文献的搜索、整理和分析，明确本书研究的理论基础、主要内容和研究方法，并制订研究方案。基于研究方案，构建各类面板数据库，为定量分析提供数据支持。

（2）现状描述与比较分析。基于国家层面、省级层面文化产业的相关数据，对我国文化产业的总体规模、变动趋势进行描述和分析。通过计算空间Gini系数、区位熵LQ和赫芬达尔指数HHI，对31个省市文化产业的集聚特征进行定量刻画和对比分析，同时分行业计算集聚度并进行比较研究。

（3）经验研究。基于产业集聚成因和经济效应的相关理论，通过构建省级面板数据模型，实证分析我国文化产业集聚的影响因素、文化产业集聚对全要素生产率水平的影响。

（4）政策建议。基于理论与经验研究，归纳出主要结论，并提供相应的政策建议（见图1-12）。

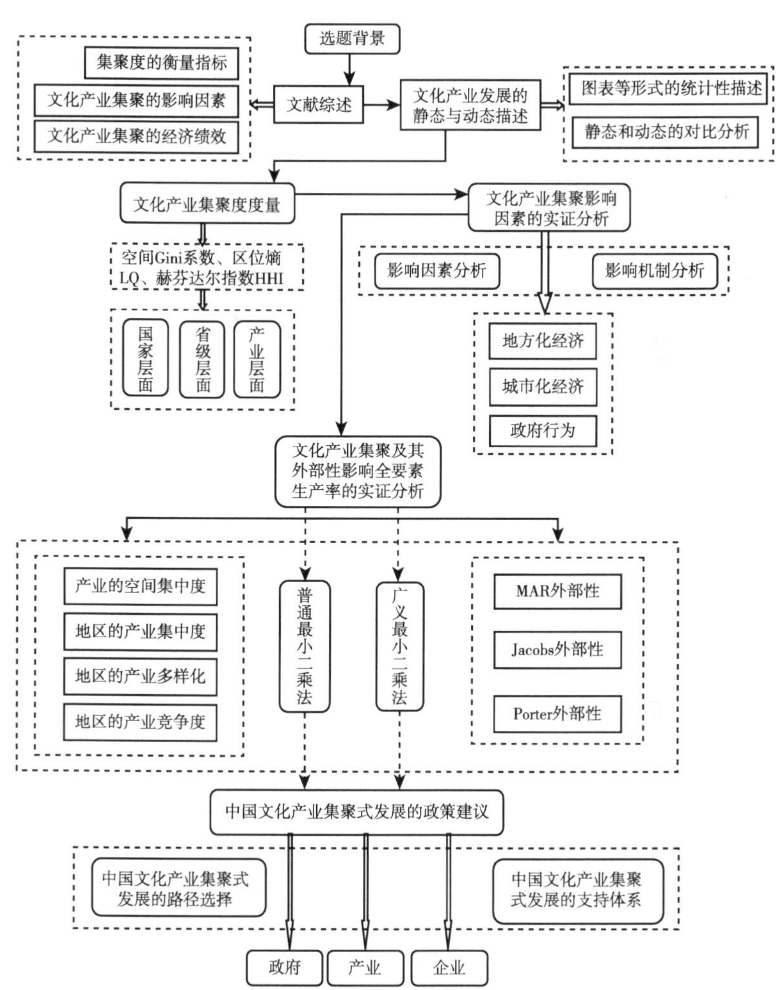

图1-12 研究的技术路线图

第三节　主要创新与不足

一、主要创新

（1）对不同类型的产业集聚指标进行对比，选择其中分别侧重于反映地区专业化、产业专业化、产业多样化、产业竞争度的空间 Gini 系数、区位熵 LQ、赫芬达尔指数及其倒数对中国文化产业集聚水平的进行定量刻画，这对全面、准确度量文化产业的集聚程度有一定的理论和现实意义。

（2）基于新区位优势理论、新经济地理理论和新竞争理论，从地方化、城市化、政府行为等三个方面分析文化产业地区专业化、产业专业化、产业多样化集聚的影响因素，为文化产业集聚发展提供理论基础。

（3）在研究方法上，引入文化产业的不同类型的集聚及其外部性，通过分析它们对文化产业全要素生产率影响，为定量研究文化产业集聚的宏观经济效应提供微观基础。

二、存在的不足

首先，在进行定量描述和实证分析时，由于各地区文化产业企业的数据无法完整地获取，在计算产业集聚度时只能采用基于地理单元划分的集聚指标，如空间 Gini 系数、区位熵 LQ 和赫芬达尔指数 HHI，无法采用基于企业距离的集聚指标对各地区文化产业集聚进行更为细致、准确的分析。

其次，文化产业集聚式发展最直观地反映在各省市建立的各种类型的文化产业园区，这些园区的投入—产出数据是衡量集聚效率的重要指标，但是部分地区的这些数据难以获得，未能对其进行深入的分析。

最后，本书的理论分析部分也有一些不足，创新不够。

以上不足将是以后的研究的方向和重点。

第二章 国内外研究文献综述

产业集聚是指同一产业在特定地理区域内不断汇聚并高度集中的过程。相关问题的研究始于 19 世纪末。1890 年马歇尔在《经济学原理》一书中，首次提出了产业聚集的概念，并且从外部性和规模经济角度解释了产业集聚的原因。继马歇尔之后，产业集聚理论和实证研究有了较大的发展，并且集中于三个问题：产业集聚度的衡量、产业集聚的形成原因和经济效应。文化产业的空间分布、产业集聚问题的研究也是围绕着三个主题进行的。

第一节 衡量文化产业集聚度的相关研究

Krugman（1991）认为集聚是经济活动最突出的地理特征。如何准确估计集聚的程度是产业集聚研究面临的首要问题。目前使用的最广泛的是两大类集聚度指标：一类是基于空间单元划分的产业集聚度量，包括产业集中度指数（Concentration Ratio，CR）、赫希曼 - 赫芬达尔指数（Hershman - Herfindahl Index，HHI）、区位熵指数（Location Quotient，LQ）、空间基尼系数（Spacial Gini Index，GI）、胡弗指数（Hoover Index）和 E - G 集聚指数（Ellision - Glaeser Index）等。这些指数有个共同的特征：区域内产业数据通常是按照行政单元统计的，人为划分的空间单元以及它们规模的差异往往会导致产业空间模式的误判①。为了规避这一问题，学者们尝试使用另一类基于企业空间距离的产业集聚度量指标，比如，Ripley（1977）的K函数和Besag（1977）的L函数的基础上，Marcon & Puech（2003，2010）提出的M函数、Duranton & Overman（2005）提出的方法（以下简称DO指数）和Scholl & Brenner（2011）提出的方法，在已知行业内所有企业空间分布的点坐标后，通过计算一定范围内企业坐标点临近的点个数来判断企业在空间分布上是否集中，这种基于距离的产业集聚衡量方法可以打破人为空间单元划分带来的问题，比较真实地反映产业的地理集聚程度，但是由于这种方法需要行业内精确的企业微观数据，计算方法比较复杂。

Combes & Overman（2004）认为产业集聚度的估计指标应该满足以下条件：①具有行业和地区可比性；②零假设条件（没有关于经济活动区位的初始设定）下能获得唯一确定的估计值；③能对估计结果进行显著性检验；④空间划分的任意改变不会影响估计值的无偏性；⑤行业划分的任意改变不会影响估计值的无偏性；⑥估计方法在考虑零假设的同时，也要考虑相关理论的备择假设②。Duranton & Overman（2005）也提出类似的条件，同时还要求集聚指标制订的过程中，能够控制经济活动的总体集聚程度和产业集中程度③。在诸多现有的集聚度衡量指标中，基于空间单元划分的产业集聚度指标都无法同时满足以上条件，基于企业空间距离

① 贺灿飞，潘峰华．产业地理集中、产业集聚与产业集群：测量与辨识［J］．地理科学进展，2007，26（2）：1－13.

② Combes，P－Ph. And Overman，H.，The spatial distribution of economic activities in the European Union，in J. F. Thisse and J. V. Henderson（Eds），Handbook of Regional and Urban Economics，2004，Volume 4. Amsterdam：North Holland.

③ Duranton，G. and Overman，H. G.，Testing for localization using micro－geographic data. Review of Economic Studies，2005，72，1077－1106.

的产业集聚度量指标相对更符合上述要求，但是由于数据和计算方法的局限，除了 D－O 指数外，这些指标在国内外的实际应用非常少。现有关于文化产业的研究，基本上采用的是第一类指标来测算文化产业在空间上的集聚程度。

一、基于空间单元划分的文化产业集聚度研究

在文化产业研究领域，基于空间单元划分的集聚度衡量指标中，常见的有区位熵、产业集中度、空间基尼系数和赫芬达尔指数，其他的指标如 E－G 指数、泰尔指数等运用由于数据和计算的复杂性，使用它们衡量文化产业集聚度的文献并不多。

（一）区位熵指数（Location Quotient，LQ）

区位熵指数由 Haggett（1965）首次提出，它是地区集中程度指标或专门化率，是比率的比率。其计算公式为：

$$LQ_{ij} = \frac{q_{ij}/q_j}{q_i/q}$$

其中，LQ_{ij}表示 j 地区 i 产业的区位熵；q_{ij}是 j 地区 i 产业的就业人数或产值；q_j 是 j 地区所有产业的就业人数（或产值）；q_i 是 i 产业在全国的就业人数（产值）；q 是全国所有产业的就业人数（产值）。LQ_{ij}越大，表示 i 产业在 j 地区的集聚程度越高。

区位熵方法简便易行，可在一定程度上反映出产业在地区层面的集聚水平。Alagh，Subrahmanian & Kashyap（1971）在研究印度产业多样化问题时，采用 LQ 计算了 1956—1965 年印度地区产业集中程度。Purohit（1975）采用印度 Rajathan 邦 1958 年和 1968 年 25 个行业增加值，计算了 LQ 值。Winsberg（1980）基于 1939—1978 年美国各州农场 19 种农产品销售额的数据，计算了这个期间美国农业的地区专业化水平。Boylan（1980）基于爱尔兰 1961 年、1971 年食品加工、面粉及面粉制品、食糖等 8 个食品行业的数据，计算了爱尔兰食品行业的 LQ 指数。Rahaman & Salauddin（2009）

选取了孟加拉 Khulna 城 31 个街区中的 16 号、7 号和 24 号街区的数据作为研究对象，用 LQ 计算了孟加拉的公共服务业的空间集聚水平。文化产业空间集聚的计算一般采用 LQ，如 Pratt（1997）、Bassett et al.（2002）、Capone（2008）、García et al.（2003）、Pratt（1997）、Lazzeretti et al.（2008）、De Propris et al.（2009）等在研究意大利、西班牙和英国的文化产业的空间集聚时都采用这个指标。

同样，国内相关研究也很多。以中国期刊全文数据库搜索为例，2002—2017 年，以区位熵为关键词的研究文献多达 1530 篇，见图 2-1。

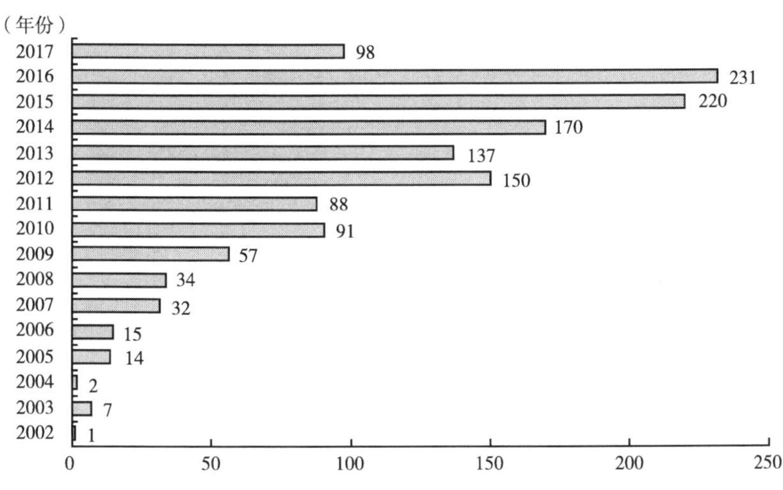

图 2-1　2002—2017 年中国期刊全文数据库以“区位熵”为关键词的研究文献数量

具体在文化产业集聚度的计算上，国内绝大多数的文献均采用的是区位熵指标。鲍枫、沈颂东（2013）使用修正后的区位熵指数测度 2010 年我国 31 个省市的文化产业的集聚水平。结果显示北京、上海和广东的集聚度最高，而海南和西藏、宁夏、青海的集聚度相对比较低，整个产业发展相对缓慢。毕佳佳、林孔团（2013）基于我国28个省份2008—2010年的省级文化产业增加值数据，利用区位熵测算文化产业的集聚水平，结果显示我国各省份文化产业的集聚程度呈现出明显的不均衡，北京文化产业的区位熵最高，数值大于3；而内蒙古和甘肃的区位熵不足0.4，差距很大。彭辉（2012）采用1999—2008年上海市文化产业数据，利用区位熵描述上海文化产业的集聚水平，通过相关分析，得出上海市版权保护强度与区位熵之间呈显著的正相关关系，提高版权保护强度有效地促进了文化产业的集聚水平。池建宇、姚林青（2013）采用区位熵指数对北京市各区县2008—2012年的文化产业的集聚水平进行了测算，结果显示北京市文化产业的集聚效应很显著，但是市区的集聚效应小于郊区。戴钰（2013）利用区位熵对湖南省2004—2009年文化产业的集聚程度进行了测度，结果显示：2004—2007年湖南省文化产业区位熵小于1，2008年和2009年区位熵大于1。胡慧源（2014）基于江苏13个地级市2007—2011年分行业数据，计算了这些地区的就业区位熵，并分析了供应商专业化与相关多样性等因素对就业区位熵的影响。任英华、沈凯娇、游万海（2015）使用2004—2011年我国除西藏、海南外的29个省市的面板数据，在用区位熵测算文化产业集聚度的基础上，通过构建空间面板计量模型，分析了文化产业的空间集聚机制及溢出效应。江瑶、高长春（2015）基于1996—2009年全国30个省市文化产业的增加值数据，采用区位熵计算了文化产业的集聚度，在此基础上，定量分析了集聚度和历史文化资源禀赋对文化产业发展的重要性。王猛、王有鑫（2015）以2003—2011年中国35个大中城市文化服务业的就业数据为样本，用区位熵测量了文化服务业的地理集聚水平，然后定量分析了产业结构、人力资本、空间外部性等因素对城市文化产业集聚的影响。廉睿、杨修（2017）基于2012年我国31个省市文化产业就业的数据，采用区位熵对我国文化产业总体以及三个子行业的集聚水平进行测度，发现无论是从地区角度还是子行业的角度，我国文化产业的集聚均表现出不同程度的不平衡性。梁君（2015）运用区位熵指数，计算了2009年全国各地区7大文化产业的集聚度，发现存在着较大的地区性和行业性差异。孙智君、李响（2015a，b）在分别计算从业人数、产出增加值、法人单位数区位熵后，利用加权平均的方法构建综合性区位熵指标，对文化产业的静态集聚程度进行分析。他们采用综合性区位熵指标，分别以1996—2012年我国31个省市和长江经济带沿江11个省市的文化产业作为研究对象，分析了文化产业在各个地区的集聚程度及其变动。

（二）产业集中度（Concentration Ratio，CR）

产业集中度 CR 衡量的是某一产业规模最大的 n 个地区在全国所占的份额。计算公式如下：

$$CRn = \frac{\sum_{i=1}^{n} X_i}{\sum_{i=1}^{N} X_i}$$

其中，X_i 表示产业 A 在排名第 i 位地区的产值或就业人员等；N 为地区总数量。CR_n 衡量的就是产业 A 中排名前 n 位地区该产业的产值或就业人员等占产业 A 在全国总规模的比重。CR 系数最初被运用于市场结构的研究中，如 Bain（1951，1959）、Stigler（1968）、Demsets（1968，1982）、Tirole（1989）、Henley（1994）、Cortes（1998）和 Shepherd（2000）均采用 CR 系数分析产业集中度与市场效率之间的关系。相对地，该系数在衡量产业的地理集中方面的研究较少。吴学花等（2004）、郭立伟（2006）、薄文广（2007）、盛毅（2007）、唐根年等（2008）、吴艳红等（2011）、陈景新（2014）等大量研究运用 CR 系数，对我国两位数制造业的地理集中与空间差异进行了分析和比较；何婷婷（2006）、沈颂东等（2009）、王福君等（2011）、陈小毅（2013）、成小平等

（2016）等则采用 *CR* 系数分别对我国汽车、钢铁、煤炭、农产品等产业的地理集中程度进行了计算；李文秀（2008）、夏燕梅（2010）、王珏辉（2013）等计算了我国服务业的 *CR* 系数，并进行了横向对比分析，以此得出我国服务业的地理集中度与离散程度。

相对而言，比较少的文献采用 *CR* 系数来计算文化产业的集聚现象，很多时候 *CR* 系数都是作为其他集聚度衡量指标的辅助指标。雷宏振、潘龙梅、雷蕾（2012）基于省级面板数据，分别采用产业集中度和赫希曼－赫芬达尔指数对 2005—2009 年中国各省市文化产业的集聚程度进行了精确测定，发现我国文化产业已显现出较强的集聚现象。通过 CR4 的测算，发现文化产业在省域间分布极不均衡，主要分布在东部沿海地区。陈桂玲、赵倩（2013）基于上海 2004—2010 年文化产业的数据，分别计算了产业集中度和 E－G 指数，发现在此期间，产业集中度有逐年下降的趋势，由 2005 年的 0.37 下降到 2021 年的 0.26；E－G 指数则逐步上升，由 2004 年的 0.04 增至 2010 年的 0.13。肖博华、李忠斌（2013）对少数民族省市自治区 2004—2010 年的文化产业区位熵和产业集中度进行了测量。结果表明，7 年间民族地区文化产业的区位熵均值为 1.7733，年均增长率为 2.26%，总体表现为产业集聚态势的不断强化。赵星、赵仁康、董帮应（2014）计算了 2008—2010 年我国各省市文化产业的产业集中度、区位熵、泰尔指数，从不同的侧面来分析各省市文化产业的集聚水平。研究结果表明：我国文化产业在空间分布上存在显著差异，东中部地区水平较高而西部地区较低，但不均衡的程度在减小。曹清峰，王家庭，杨庭（2014）利用中国 2005—2010 年 31 个省市 10 类文化产业的面板数据，采用产业集中度指数和区位熵指数测算了各省区文化产业的集聚水平，运用 Moran's I 指数分析了文化产业集聚的空间相关性。研究结果表明：我国文化产业的集聚水平存在明显的区域差异性和空间相关性。肖博华、李忠斌（2014）分别利用区位熵、动态集聚指数和产业集中度对2004—2010年我国各省市文化产业集聚水平进行测度，结果表明，东部、中部、西部、东北地区的区位熵年均值分别为0.9247、0.8687、1.6097、0.7211，且西北、西南12个省市的集聚度呈现增长状态，东南、东北的19个省市则处于下降态势。

*CR*系数的优点在于估算时数据容易获取，且计算简单，但是作为衡量产业地理集中程度的指标，它有着明显的缺陷：n的取值会直接影响测算的结果，空间划分的改变会影响估计值的无偏性；没有考虑到企业规模的大小对产业地理集中程度的影响。故此，*CR*系数往往作为辅助指标，大致反映文化产业的空间集聚程度。

（三）赫芬达尔－赫希曼指数（Herfindahl-Hershman Index，HHI）

赫芬达尔－赫希曼指数*HHI*衡量的是某一产业规模最大的n个地区在全国所占份额的平方和。计算公式如下：

$$HHI = \sum_{i=1}^{n} (X_i/X)^2 = \sum_{i=1}^{n} S_i^2$$

其中，X表示该行业全国的产值或就业人数等的总和；X_i表示该行业在i地区的产值或者就业人数等。如果某一产业在全国各个地区平均分布，则H值为$1/n$；而如果该产业完全集中在一个地区，H值为1。赫芬达尔－赫希曼指数规避了空间划分的差异性对计算结果的影响，因此在实证研究中应用较多。Nelson（1963）采用1947年和1954年四位数制造业中最大的50个企业的数据，对美国制造业的H值做出了最早、最准确的估算。Scherer（1980）也对美国91个行业的H指数进行了估算，认为这些行业所占比重与赫芬达尔指数之间存在着密切的相关关系，相关系数约为0.936。Hall & Tideman（1967）也测算了美国466个四位数制造业的H值，他们分别利用4，8，20和50个企业的市场比重数值，分别测算了H值，由于他们的估算有着苛刻的假设，所以其结果并不理想。Bailey & Boyle（1971）也运用了相同的方法，通过计算417

个四位数制造业的市场比重值来估算 H 值，并得出比重与 H 值之间的相关系数。在研究美国产业多样化问题时，也利用了赫芬达尔指数。Vanlommel 等（1977）也运用赫芬达尔指数对比利时 117 个行业（主要是制造业）的产业集中程度进行了测算；Mano & Otsuka（2000）和 Davis & Lyons（1996）、Karl & Michael（2004）、Fan & Scott（2007）分别对日本、欧洲、中国制造业的 H 值进行了测算。而 Henderson（1997）、Duranton & Puga（2000）和 Naude & Krugell（2003）等则使用了赫芬达尔指数的倒数来测算产业和城市经济多样化的程度。国内研究大多也采用全国或者某省的制造业数据，测算制造业的赫芬达尔指数，如吴学花（2004）、郭立伟等（2006）、唐根年等（2009）、刘春香（2014）等。也有研究测算的是服务业的赫芬达尔指数，如李文秀（2008）、夏燕梅（2010）、王珏辉（2013）等。

在文化产业集聚水平的相关研究中，赫芬达尔 - 赫希曼指数使用得相对较少，与产业集中度指数一样，该指数往往与其他指数一起来计算文化产业的地理集聚度。在雷宏振，潘龙梅，雷蕾（2012）的研究中，通过计算我国各省市文化产业赫希曼 - 赫芬达尔指数，发现音像制品出版业和广告业空间集聚水平最高，而电视节目制作和图书出版业的空间集聚水平最低。喻莎莎（2013）在测算 2006—2011 年河南省 18 个代表性地区文化产业的集聚水平时，在使用到赫芬达尔 - 赫希曼指数的同时，也采用了空间基尼系数和 E - G 指数，对该省文化产业的综合集聚程度和集聚结构进行了数据描述。

赫芬达尔指数有两个显著的优点：一是考虑到了地区的数量，正如 Stigler（1955）所说“企业的绝对数量和最大企业份额的不稳定程度对企业的行为有着重要影响”①，在用于衡量产业的地理集

① Stigler, George, “Introduction,” Business Concentration and Price Policy, National Bureau of Economic Research, 1955.

聚时，赫芬达尔指数同时考虑到了地区的数量和比重较大地区的份额的变动对于产业空间分布的影响；二是考虑到了产业的整体规模分布，而不仅是最大规模的 n 个企业的规模。Hall & Tideman（1967）指出赫芬达尔指数最主要的缺点在于“它认为相对规模比绝对数量更重要，然而，集中程度的衡量应该在很大程度上取决于绝对数量”①。为了突出地区绝对数量在计算 H 值时的重要性，很多研究对赫芬达尔指数进行了技术性的改进，将每个地区的比重赋予一定的权重，类似研究见 Hall & Tideman（1967）、Adelman（1969）和 Horvath（1970）等。同时，胡建（2013）还指出赫芬达尔指数与产业的地理集聚程度之间并不总是存在相关关系，尽管大多数情况下产业的市场空间分布与地理空间分布轨迹相似，但是二者并非完全平行。此外，H 指数没有考虑不同地区的地域面积的差异以及地区之间的空间关联性和依赖性，因此难以准确反映产业分布的实际情况。

（四）空间基尼系数（Spacial Gini Coefficient）

空间基尼系数也是衡量文化产业集聚的一个重要指标，其计算公式如下：

$$Gini = \sum_{i=1} (S_i - X_i)^2$$

其中，$Gini$ 表示空间基尼系数；S_i 是 i 地区文化产业就业人数（或产值）占全国文化产业就业人数（或产值）的比重；X_i 是 i 地区就业人数（或产值）占全国就业人数（或产值）的比重；N 是全国地区的个数。$Gini$ 的取值范围在 0 和 1 之间，$Gini$ 值越接近 0，该地区的产业分布越均衡；$Gini$ 值越接近 1，该地区的产业集聚度越高。

Krugman（1991）在测算美国制造业空间集聚度时首次使用空

① Hall, Marshall and Tideman, Nicholas, “Measures of Con - centration,” Journal of the American Statistical Association, 62（March 1967）, 162 - 68.

间基尼系数，随后该系数被广泛应用于区域经济学、经济地理学的相关研究中，例如 Audretsch & Feldman（1996）、Amiti et al.（1998）、詹立宇（2001）、梁琦（2003）、Wen（2004）徐康宁等（2003）、文玫（2004）、崔蕴（2004）、贺灿飞等（2001，2004）等。文化产业空间集聚问题的研究中，也有不少文献是采用的是这个系数。Mezias & Mezias（2000）研究了 1912—1929 年美国电影产业生产和发行的空间集聚及其效应，研究显示在此期间，美国电影产业生产和发行的平均空间基尼系数分别为 0.63 和 0.642，集聚程度比较高。Boschma & Fritsch（2007）利用空间基尼系数测算了德国、荷兰等欧洲 8 国 450 多个地区创意阶层的空间分布和集聚程度，结果显示在这些地区，创意阶层的分布具有非常明显的空间不均衡性，这种空间分布的不均衡对地区间就业与新商业模式的影响非常显著。Boix et al.（2010）基于劳动力人数，用基尼系数计算了法国、英国、意大利和西班牙 4 国文化产业的集聚水平，计算结果显示：1999 年法国、2001 年意大利、2001 年西班牙、2007 年英国的创意产业空间集聚度分别是 0.76、0.83、0.91、0.76。Mossig（2010）采用空间基尼系数计算了德国在 2003—2008 年文化产业的空间集聚水平，结果显示由于鼓励创新、创意人才的集中等因素，文化产业的空间集聚度大大提高，尤其是某些大城市。此外，Mossig（2010）的研究也显示，文化产业越集中的城市，经济增长速度也越快。Jensen & Kletzer（2010）计算了《北美产业分类系统》（North American Industry Classification System，NAICS）中两位数产业的空间集聚度，按照基尼系数的取值将产业集聚度分为三个等级：基尼系数低于 0.1 为低集聚产业；基尼系数在 0.1 ~ 0.3 为一般集聚产业；基尼系数高于 0.3 为高集聚产业。他们的研究表明大约 36% 的产业属于低集聚产业，37% 的产业属于一般集聚产业，27% 的产业属于高集聚产业。其中文化产业中的动漫影视、声音录制等产业都属于高集聚产业。

在研究文化产业的空间集聚时，国内也有一些文献使用空间基尼系数。苏畅（2012）以全国 31 个省市作为基本地理单元，根据 2000—2011 年文化产业的总产值数据，用空间基尼系数计算文化产业的地理集聚度。结果显示，在考察的 11 年间，文化产业的空间集聚度呈现出波浪式上升的变动趋势。袁俊（2013）利用基尼系数测算了 2004—2011 年中国各省区文化产业的空间集聚趋势，分析结果显示，我国文化产业在这 8 年中基尼系数一直大于 0.45，说明我国文化产业在空间分布的集中较高。但从 2004—2011 年，文化产业基尼系数在逐年减小，从 2004 年的 0.579 减少到 2011 年的 0.481，这说明随着各地文化产业的兴起，该产业在空间布局上开始呈现分散的趋势。喻莎莎（2013）本书以 2006—2011 年河南等 18 个代表性地区文化产业的数据，分别用空间基尼系数和赫芬达尔指数两个指标对其集聚程度进行了计算，同时还使用 E－G 指数测算了全省的综合集聚程度和集聚结构。赵娜，林宪生，周娇（2013）基于 2004 年和 2008 年行业就业人数，计算了辽宁沿海经济带 6 个城市 4 个文化产业子行业的区位熵和基尼系数，文化产业的集聚程度。结果表明娱乐业的集聚程度最高，文化艺术业和广播电视电影音响业的集聚度较低；锦州文化产业集聚度最高，而葫芦岛集聚度较低。

空间基尼系数虽然被广泛运用，但是它的缺陷也非常明显：一是由于没有考虑到企业规模的差异对集聚程度的影响，所以即便空间基尼系数大于 0，也并不一定表明产业存在集群现象。如果某个地区有一家或者几家规模很大的企业，该产业在这个地区的基尼系数就会比较高，但是并没有明显的集聚现象。因此，采用空间基尼系数作为文化产业的集聚程度的衡量指标，会因为地理区域和企业规模的差异带来度量的误差。二是不能区分产业集聚是随机集中还是源于共享外部性或自然优势的集中。正是为了弥补这两点缺陷，1997 年，Ellison & Glaeser 提出了 E－G 指数。

（五）E－G 指数（Ellision－Glaeser Index）

为了避免由于企业规模、地区规模的大小而造成的空间集聚的虚假部分，同时对产业集聚的形成原因进行甄别，1997 年，Ellision & Glaeser 在空间基尼系数和赫芬达尔指数的基础上构造了测定产业集聚程度的 E－G 指数。其计算公式为：

$$\gamma_{EG} = \frac{G_i - \left(1 - \sum_{i=1}^{n} X_i^2\right) H_i}{\left(1 - \sum_{i=1}^{n} X_i^2\right)(1 - H_i)}$$

其中，G_i 是 i 地区文化产业的空间基尼系数；X_i 是 i 地区就业占全国就业人数的比重；H_i 是 i 地区文化产业的赫芬达尔指数。E－G 指数既避免了空间基尼系数忽略企业规模带来的度量偏差，又避免了赫芬达尔系数不考虑地理单元面积大小对度量的影响，从产业的空间集中和地理单元上的产业集中两个方面，极大可能客观地描述某产业在一个地区的空间集聚程度。国外研究制造业集聚的文献中，E－G 指数应用比较广泛。Ellison & Glaser（1997）以 1987 年美国 300 个地区 459 个四位代码产业的数据为样本，采用 E－G 指数计算了这些产业的集聚度，发现其中约 10% 的产业 $\gamma_{EG} < 0.02$，属于低度集聚产业；65% 的产业 $0.02 \leq \gamma_{EG} < 0.05$，属于中度集聚产业；25% 的产业 $\gamma_{EG} \geq 0.05$，属于高度集聚产业。Maurel & Sedillot（1999）选取法国 22 个地区 44428 家制造业企业的数据为样本，借助 E－G 指数分析了 50 个 2 位代码制造业和 273 个 4 位代码制造业在 1993 年的空间集聚程度，结果显示约一半的产业属于低度集聚产业，而 27% 的产业属于高度集聚产业，产业集聚程度呈现出一定程度上两极分化现象，这与 Ellison & Glaser（1994，1997）关于美国制造业的研究不同，存在着一定的国别差异。Maurel & Sedullot（1999）则测算了 1993 年法国 95 个地区 273 个 4 位代码产业的 E－G 指数，Devereux et al.（2004）则用 E－G 指数计算了 1992 年英国 477 个地区 211 个 4 位代码产业的空间集聚度，发现

65%的产业的E－G指数低于0.02，这说明当时英国的产业集聚水平相对不高。Bertinelli & Decrop（2005）基于大量企业的就业人数、工资等数据，采用E－G指数对比利时制造业的空间集聚程度进行了计算，发现超过30%的产业存着过度集聚的现象。与国外相同，国内使用E－G指数的文献大多是研究制造业，最先使用E－G指数的是罗勇、曹丽莉（2005），他们采用Ellison & Glaeser（1997）提出的方法，对1993年、1997年、2002年和2003年我国20个制造行业的聚集程度进行了测定。随后，路江涌、陶志刚（2006）利用采用E－G指数对我国1998—2003年制造业的行业区域聚集和共同聚集程度进行了衡量，发现无论是行业区域集聚程度还是行业区域共同集聚程度，我国都低于美国等西方发达国家。限于E－G指数计算中企业数据的难以获得，后续很多研究在使用E－G指数时做了修正，如詹宇波、张卉（2010）修正了由Ellison & Glaeser（1997）构造的E－G指数，以用于衡量中国制造业的产业集聚程度。研究显示对要素禀赋和中间产品依存度较高的产业的集聚程度更高。关爱萍、张宇（2015）也对E－G指数进行了修正，用来测算1993—2012年我国制造业20个子行业的集聚程度，研究发现，在此期间，我国制造业总体集聚程度偏低，同时集聚度的增长呈现出倒“U”形曲线特征。在文化产业集聚度的研究中，使用E－G指数的文献相对较少，且大多出于数据和计算问题，使用的是调整后的E－G指数。陈桂玲、赵倩（2013）基于上海2004—2010年文化产业的数据，分别计算了上海文化产业的产业集中度和E－G指数，发现在此期间，产业集中度有逐年下降的趋势，而E－G指数则逐步上升，由2004年的0.04增至2010年的0.13。杨宇、王子龙、许箫迪（2014）利用E－G指数和CR指数测算了我国2007—2011年文化产业的集聚水平，发现在这期间E－G指数和CR4指数的演化轨迹主体趋势基本一致。刘珊（2014）在假定所有企业规模相同的前提下，利用E－G指数从行业和地域两个角度对2008—2011年我国文化产业空间集聚变化趋势进行了度量，结果显示：从整体上看，我国文化产业在加速集聚；从分行业角度看，E-G指数和CR4指数则普遍偏低；从地域角度看，各个地区间的空间集聚水平存在着明显的差距。

E-G指数分别从产业的空间集中和地理单元上的产业集中两个方面来测度产业集聚程度，其最大的意义还在于清楚地区分了随机集中和由于自然资源优势或者外部性的集中，相对于赫芬达尔指数和空间基尼系数，其地理意义更加明确。但在实际运用中，E-G指数存在着一些局限性：一是公式中的H并没有得到合理的解释，造成实际运用中的误解和偏差。关于这一点，Maurel & Sédillot（1999）从推算某行业任意两个企业选择在同一个区域的概率P入手，对E-G指数进行了修正，得到了解释力更强的M-S指数。二是数据收集相对困难，极大地限制了E-G指数的广泛使用。目前国内使用E-G指数计算产业集聚度的文章大多研究的是制造业，其企业的微观数据大多来源于工业企业数据库，但是对于起步本来就晚的文化产业，尚无任何权威的数据库来提供各地文化产业中的企业数据，故此，在中国文化产业集聚度的测量上，E-G指数的使用大受局限。

除了上述的常见指数外，泰尔指数（Theil Index）、胡弗指数（Hoover Index）等也均被用于文化产业集聚的度量中；Moran's I指数也被用来分析文化产业集聚的空间相关性，此类研究见杨宇等（2014）和曹清峰等（2014）等。

二、基于企业空间距离的文化产业集聚度研究

从产业集中度、区位熵到赫芬达尔指数、空间基尼系数，进而到E-G指数（M-S指数），产业集聚度的衡量方法有很大的进展，但是这些方法都是基于人为的地理单元的划分，很难反映出不同尺度地理单元上产业的分布特征。基于企业空间距离的集聚度衡

量方法，一定程度上解决了这个问题。基于企业空间距离的方法最早源于 Ripley（1976）提出的 K 函数，即将区域内的企业看成点，通过分析点的分布来分析区域产业的分布。后来经过 Besag（1977）、Diggle（1991），Marcon & Puech（2003）等在此基础上加以修正，发展成 L、D、M 函数，见表 2－1。其中，M 函数是目前最能满足 Combes & Overman（2004）提出的集聚度指标 6 大条件的。M 函数通过对比半径范围内某产业相对全部产业的分布特征区域内点的分布，来判定该产业的空间分布是集中还是分散。该方法既考虑到企业规模的大小对计算的影响，又能够消除边界效应，同时由于以全部产业作为基准来进行比较，其结果具备 Combes & Overman（2004）所要求的产业可比性、地域可比性等条件。K、L、D、M 函数在产业集聚度的计算中应用相对较少。Barff（1985）将 K、L 函数法用于美国辛辛那提市制造业空间分布的分析，Marcon & Puech（2003）则用该函数计算了法国巴黎 14 个 2 位数制造业部门的地理集中程度。为了验证中小规模企业是否比大型企业更趋向集中，Sweeney & Feser（1998）首次使用了 D 函数方法；随后，2002 年，他们又用 D 函数法分析了美国北卡罗莱纳州的出版业和印刷业的产业集聚现象。Marcon & Puech（2003b）用 M 函数分析了法国制造业的空间集聚度，同时分析了服装业、印刷出版业等产业的空间邻近分布。

基于企业空间距离的集聚度计算方法应用弥补了传统方法的不足，其研究是经济学、地理学交叉的结果，具有一定的开创性。但由于在使用过程中，需要研究区域内每个企业的经济数据以及空间分布数据，这些数据比较难以获得、处理难度大，这个缺陷极大地限制了这类方法的广泛运用，尤其是分析较大区域内产业的集聚问题。尽管如此，国内也有极少研究对此进行了尝试：薛东前等（2011，2014，2015）在研究西安市的文化产业时试图使用基于企业空间距离的集聚度度量方法，尤其是薛东前等（2015），他们通

表 2－1　基于企业空间距离的文化产业集聚度衡量方法

	K 函数	L 函数	D 函数	M 函数
来源	Ripley（1976）	Besag（1977）	Diggle（1991）	Marcon & Puech（2003）
公式	$K(r)=\frac{N(r)}{\lambda}=\int_{\rho=0}^{r}g(\rho)2\pi\rho d\rho$	$L(r)=\sqrt{\frac{K(r)}{\pi}}-r$	$D(r)=K_{cases}(r)-K_{controls}(r)$	$M(r,S_1,S_2)=\frac{\sum^{N_{S_1}}\frac{e_iS_2r}{e_{ir}}}{N_{S_1}}\Big/\frac{E_{S_2}}{E}$
点的分布	随机、均匀	随机、均匀	空间的不均质性	随机、不均匀
基准	完全空间随机分布	零	除了研究行业（cases）以外的其他行业（controls）的个数	全部行业
实证研究	Barff（1987）、Marcon & Puech（2003a）		Sweeney & Feser（1998，2000，2002）、Marcon & Puech（2003a）	Marcon & Puech（2003b）
优点	——产业集聚归结为企业集聚 ——避免人为地理单元划分带来的偏差			

续表

	K 函数	L 函数	D 函数	M 函数
缺点	——均值地质假设不合理 ——忽略企业规模 ——未能消除边界效应 ——比较基准的点分布密度是常数		——忽略企业规模	——数据难以获取、处理

资料来源：

①Eric Marcon & Florence Puech. Measures of geographic concentration of industries: improving distance – based methods, *Cahiers de la Maison des Science Economiques*, 18: 409 –428. Google Scholar.

②刘春霞．产业地理集中度测度方法研究［J］. 经济地理，2006（5）：742 –747.

过 Google 等搜索工具收集了西安市 1997—2012 年 7 个区 7 大文化产业中所有企业空间距离的点信息，同时基于产业集群生命周期判定模型，在分析 K、T 指数和 Q 指数的集聚特征后，将西安市文化产业区域的类型和集聚形成机制进行细分。研究显示：西安市文化产业空间集聚存在着中心性取向，整体的集聚程度呈现出由中心向外围螺旋状递减的特征。尽管薛东前等（2015）的研究有一定不足，但是却是有益的尝试。

第二节　文化产业集聚成因的相关研究

文化产业的兴起激起了政治和学术层面对文化产业和创意活动（DCMS，2001；Pratt，2006；Higgs et al.，2008；UNCTAD，2008）及其对区域、国家经济影响（Capone，2008；Miguel－Molina et al.，2012）的关注。根据现有的实证研究，文化产业和创意活动呈现出地理同位性的趋势（Capone，2008；Lazzeretti et al.，2008、2012），并且与城市发展密切关联（Florida，2002a）。各种研究往往用地理因素来解释这种空间的不均匀分布以及地理同位性，一些高引用率的研究（如 Florida，2002a、2004）显示文化产业和创意阶层倾向于在大都市中心集中，以利用城市化带来的种种便利，如差异化产品、多样化技术和文化、高度集中的人群、知识和创新的扩散等（Jacobs，1969；Lorenzen & Frederiksen，2008；Lazzeretti et al.，2008）。尽管大多数研究肯定文化产业对区域经济的促进作用，但是关于文化产业和创意活动区位选择的研究相对较少，且都是在经典产业集聚理论的框架下（Boix et al.，2013）。

自马歇尔的经典研究之后，产业集聚理论出现了许多不同的流派。影响比较大的有：韦伯的区位集聚论、熊彼特的创新产业集聚论、E. M. 胡佛的产业集聚最佳规模论、波特的企业竞争优势与钻石模型、新制度经济学的交易成本理论、新贸易理论的市场结构说以及新经济地理论的经济地理解释等。这些流派从不同角度分析了产业集聚的形成，Mayer & Mayer（2004）和 Combes & Overman（2004）对产业集聚的推动因素进行了详尽的综述，认为产业集聚的主要影响因素包括自然资源优势和规模报酬递增（如 Kim，1995；Amiti，1999；Haalan et al.，1999）、知识外部性（如 Glaeser et al.，1992）、劳动力共享（如 Overman & Puga，2009；Amiti & Cameron，2007）、投入网络（如 Holmes，1999；Rosenthal & Strange，2001）、需求网络（如 Hanson，1996；Hanson，1997）等。关于文化产业地理集聚原因和机制的研究，大多是这些理论在文化产业领域的延伸和运用，但与制造业集聚研究不同的是，现有文献在分析文化产业集聚时，除了分析传统因素外，不少研究也侧重分析文化资源禀赋以及文化产业政策等具有行业特性的影响因素。

一、传统因素与文化产业集聚

影响文化产业集聚的传统因素包括比较优势理论、区位集聚论、竞争优势理论等强调的资源禀赋（劳动力、资本、土地等）、技术水平；新制度经济学强调的交易成本；新贸易理论强调的规模递增和不完全竞争；新经济地理理论强调的规模经济、运输成本等。传统因素影响文化产业集聚的机制如下：

机制一：资源禀赋——地方化经济和城市化经济——集聚

如果一个地区的自然资源、资本和劳动力比较充裕，技术水平相对先进，基础设施更完善时，地方化经济、城市化经济程度往往较高，进而吸引大量企业集中，形成产业在空间上的集聚。地方化经济指的是某个地区靠近原材料供应商、具备投入网络、充裕的劳动力数量与类型、基础设施良好；城市化经济则意味着在这些地区存在着对本产业的生产有着大量需求的产业和企业。尤其对于那些更加倚重国内要素投入或者交通运输的产业而言，它们更愿意选择在已经具有发达的投入网络、便利的基础设施的地区生产，这样一来，在这些地方化经济和城市化经济程度高的地区，很容易吸引产业集聚。

大多研究都证实经济地理因素对文化产业集聚的影响机制。Scott（1997）在研究美国、英国、法国、日本等国家文化产业的空间分布时发现，各国文化企业倾向于向国际化大都市集聚，如洛杉矶、纽约、伦敦、巴黎、米兰、东京等。充足的劳动力供给、完备的生产网络和浓厚的创意氛围是文化产业向大都市集聚的主要原因。Lazzeretti et al.（2008）基于对意大利的传统文化产业（出版发行、建筑、音乐）和非传统文化产业（软件、广告、R & D）的就业数据，采用 LQ 计算了产业集聚度，发现虽然意大利的文化产业在整体上相对比较分散，但是在最大的城市中心出现了一定程度上集聚。De Propris et al.（2009）和 Chapain et al.（2010）也用 LQ 指数计算了英国核心创意产业的集聚水平，并进行了地区间的比较，发现核心创意产业主要集中于伦敦和英国东南部地区。金婷（2010）采用空间基尼系数对我国各省市文化产业的集聚度进行了测算，在此基础上，构建影响我国省域文化产业发展空间分异因素的计量模型，研究了需求、供给和环境等三大类因素对文化产业空间分异的影响。结果显示地区生产总值、人力资本、技术水平和城市化率等是导致我国文化产业空间分异的重要空间因素。张变玲（2012）基于 2005—2013 年我国 30 个省市文化产业的面板数据，分析了传统经济地理因素对文化产业集聚的影响。研究结果表明劳动力、资本等传统经济地理因素对文化产业的集聚发展起着积极的作用。雷宏振等（2012）采用 2005—2009 年我国省级数据，通过面板数据回归，分析了文化产业集聚的影响因素。结果表明：较低的劳动力成本、完备的文化基础设施和便捷的交易方式对文化产业的空间集聚有着显著、稳健的影响；用第三产业集聚水平与城市化水平测量的集聚经济则可以解释 93% 的文化产业空间集聚的原因。

戴钰（2013）在用区位熵计算2004—2007年湖南省文化产业集聚度的基础上，通过主成分分析和因子分析的方法，研究湖南省文化产业集聚的主要影响因素。结果显示要素禀赋、市场需求、关联产业是影响湖南省文化产业的集聚水平的主要因子。赵星（2014）基于我国31个省市2001—2011年文化产业的面板数据，采用回归分析，发现具有劳动力和资本要素禀赋优势的地区，文化产业集聚水平较高。肖博华、李忠斌（2013）在对2004—2010年我国少数民族8个省、市、自治区的文化产业的回归分析表明，城市化、从业人数、教育、科研、邮电业、零售业、运输业等对于文化产业集聚有着显著的正效应，而工人工资、地区文化消费等4个变量影响不显著。杨宇等（2014）、谢永琴等（2014）、肖博华等（2014）、任英华等（2014）、孙智君（2014）、张变玲（2014）等都通过实证研究，证实了地方化经济和城市化经济对文化产业集聚的推动效应。然而，也有研究认为作为知识、创意密集型的产业，资源禀赋对文化产业集聚的影响并不太大。基于2005—2008年我国文化产业的省级面板数据，袁海（2010）的实证分析发现，尽管区位因素有利于文化产业的空间集聚，但如果控制产业政策，这种影响并不显著。毕佳佳、林孔团（2013）的研究也认为在考虑到其他各类因素后，资源要素对沿海省市文化产业集聚程度的影响并不明显。

机制二：规模报酬递增、垄断竞争——集聚

存在规模报酬递增的产业为了降低生产成本、提高生产率水平，它们往往会选择集中于少量地区进行生产，这样一来，规模报酬递增的产业比起其他产业而言，具有更高的产业集聚水平。Greco（1999）利用赫芬达尔指数测度了1989—1994年美国出版业的市场集中度，在此基础上分析了市场结构与空间集聚、经济发展的关系，结果显示出版业适当地垄断和较高的市场集中度对于出版业的集聚以及经济发展是有利的[①]。然而 Haaland et al.（1999）认为无论是理论模型还是实证研究，都无法明确地证明规模报酬递增与产业集聚之间的关系，换句话说，规模报酬递增并不一定会导致产业在地理空间上的不均匀分布。Mayer & Mayer（2004）也认为鲜有证据能够证实规模报酬递增会影响产业集聚。事实上，Haaland et al.（1999）得出的正好是相反的观点，即规模报酬的递增不但没有导致产业集聚，反而与低水平的产业集聚相关，不管是绝对集聚还是相对集聚。

机制三：动态外部性——集聚

企业倾向于在存在动态外部性的地区生产。动态外部性有三种：一是 Marshall（1890）、Arrow（1962）、Romer（1984）提出的外部性，又被称为 MAR 外部性。在某个企业存在着知识外溢、进而提高行业生产率水平时，往往会吸引别的企业向它靠拢。第二种动态外部性是 Porter（1991）在模型中提出的外部性，即当某地区存在着更高的竞争水平，往往会激励企业不断创新，由此产生更大的知识外溢效应，进而加剧了产业的集聚。第三种动态外部性是 Jacobs（1969）提出的外部性，指当一个地区存在着相对更高的多样化经济时，往往有利于知识外溢，进而导致产业在这个地区的集聚。Beaudry & Schiffauerova（2008）、Lucio et al.（2001）、Beaudry & Schiffauerova（2009）、Gerben van der Panne（2004）等的研究分别采用不同的样本数据，对三种动态外部性的效应进行了分析和对比。而 Fu Shihe（2011）、Batisse（2002）、Mody & Wang（1997）、赵建吉和曾刚（2009）、吴三忙和李善同（2011）、杨芬和刘刚（2011）、姚永玲和赵宵伟（2012）、吉亚辉和王梦卜（2013）、覃

① GRECO A N. The Impact of Horizontal Mergers and Acqui - sitions on Corporate Concentration in the US Book Publishing Industry: 1989 - 1994 [J]. Journal of Media Economics, 1999, 12 (3): 165 - 180.

一冬（2016）等分别用中国制造业和服务业中不同类型的外部性分析了各自对产业集聚以及经济增长的作用。Scott（1997）认为文化产业本身的特点导致产业内的企业之间容易形成网络化结构和不稳定的雇用关系，使企业之间的知识溢出效应极大地增强，MAR 外部性效应明显，这极大地促进了文化产业的集聚和区域经济发展。A. Gospodini（2006）分析了希腊的雅典、萨洛尼卡、沃洛斯三个文化集群，认为文化产业倾向于在产业多样化、竞争激烈的后工业化城市中心形成集群，并对后工业化城市具有非常重要的影响。Vang（2007）以加拿大多伦多和好莱坞的电影产业集群为例，探讨了知识溢出与电影产业集聚的双向促进关系，认为全建立和强化全球－本土关联性是发展本土文化产业集群的关键。刘立云等（2012）分认为文化产业具有最强的影响力系数，其集聚产生很强的产业关联效应与波及效应，对区域经济具有显著的拉动作用。戴钰（2013）在分析湖南省 2004—2007 年文化产业集聚的主要影响因子时，发现产业关联度对湖南省文化产业的集聚水平有着重要影响。胡慧源（2014）、王猛和王有鑫（2014）等也通过分析不同的样本数据得到类似的结论。

关于文化产业集聚的影响因素的分析，大多比较新的研究方法也在逐渐完善，但是都局限于相关数据的可得性和质量（Currid－Halkett & Stolarick，2011；Boix et al.，2013）。国外大多数关于文化产业集聚的空间分析（比如 Lazzeretti et al.，2008、2012；De Propris et al.，2009；Miguel－Molina et al.，2012；Bertacchini & Borrione，2013；Boix et al.，2013；Lazzeretti，2013）都是以某个地区、城市的某个产业（如电影、出版业等）为例进行分析，国内的研究虽然以省级层面的研究为主，但是由于文化产业发展时间短，统计的数据并不完备，所以研究中数据的真实性和准确性亟待提高。

二、产业政策与文化产业的集聚

一般而言，文化产业的集聚模式有三种：政府主导型、市场驱动型和混合型。在关于美国、欧洲国家文化产业集聚的研究中，大多数文献如 Lacour & Puissant（2008）、Baumont & Boiteux – Orain（2005）、Freeman（2007）、Keeble（2003）、Lazzaretti（2007）、Sforzi & Lasagni（2008）、Santagata（2009）等均强调从事文化创意活动的企业、艺术家等在特定的文化氛围、经济基础之上的自发集聚。然而，无论是英国的伦敦、利物浦，还是美国纽约、洛杉矶等城市的文化产业集聚区，都离不开政府的引导与鼓励。政府在提供知识产权方面的保护、搭建交流平台、完善基础设施建设的同时，还可以通过税收、贸易、金融和投资政策的调节，为文化产业的集聚式发展提供必要的资金、市场等保证。

在国内文化产业集聚成因的研究文献中，早期的研究比较强调政府行为对文化产业的发展和集聚的重要性。如周政（2006）、花建（2007）、肖雁飞（2006）、陈建林（2007）、姜长宝（2009）、于丽丽（2010）等在探寻文化产业集聚的成因时，都认为政府的支持是最重要的因素之一。但最近的研究中，一般倾向于将政府的行为当作影响文化产业集聚众多因素中的一个。袁海（2010）在研究 2005—2008 年我国各省市文化产业集聚的成因时，将产业政策因素与经济地理并列，研究发现政府的财政支持对文化产业集聚有着显著的促进作用，相反，在控制产业政策因素影响下，经济地理因素对文化产业集聚的影响反而不显著。彭辉（2012）以 1999—2008 年上海市文化产业的数据为样本，采用回归分析，研究了版权保护强度与文化产业就业区位熵之间的相关关系，结果显示二者之间的相关性系数为 0.805，两者呈显著的正相关关系，即提高版权保护强度可以极大地促进文化产业的空间集聚。查华超、赵世同（2012）对安徽合芜蚌地区的文化产业集聚动力进行了分析，发现政府的规划布局、招商引资、创办产业园区等政策是该地区文化产业集聚的主要外力。袁俊（2013）采用2010年我国各省市文化产业的截面数据，系统考察了规模经济、劳动力素质和成本、产业政策因素、文化环境和区位通达性对文化产业集聚的影响，结果显示地理区位和通达性、文化基础设施、城市化经济、文化消费需求等对文化产业的空间分布发挥着一定正面影响，但影响并不十分显著；在目前阶段，影响我国文化产业地理集中的最具决定性的因素是政策制度因素。戴钰（2013）、毕佳佳和林孔团（2013）、刘珊（2014）、任英华等（2014）、孙智君和李响（2014）等的研究也证实了财政支持、金融支持、创办文化园区等对文化产业集聚的推动作用。

然而，有的研究认为政府的各种政策并不一定会促进文化产业在空间上的集聚，至少这种效应不显著。肖博华和李忠斌（2014）分区域研究了我国2004—2010年各省市的文化产业，发现资源禀赋和城市化经济对文化产业的空间集聚具有显著的正向影响，但是政府的金融支持和财政拨款对集聚的影响则不显著。王猛、王有鑫（2014）在对2003—2011年我国35个大中城市的文化产业集聚进行考察时，发现政府的产业政策显著地促进了西部城市文化产业的集聚，但对东部、中部城市文化产业的集聚水平的影响不显著。尤其是关于各地区文化产业园区的研究中，很多研究质疑产业园区的数量和效率之间的关系，认为政府倡导下的园区式集聚存在着低效率、重复建设的弊端。政府在文化产业集聚式发展中如何定位，也是一个值得进一步研究的主题。

三、文化资源禀赋与文化产业的集聚

比较优势理论、工业区位理论和竞争优势理论都认为资源禀赋的差异是产业地理布局形成的重要原因。对于文化产业而言，资源禀赋不仅包括资本、劳动力、土地和技术等，也包括体现其产业特

征和属性的文化资源禀赋。文化资源禀赋指的是从事文化产品生产和服务所需要的各种文化要素和文化环境①，包括有形的物质文化资源（历史文物、遗址和文化景观、具有文化特征的饮食、服装等文化资源）和无形的物质文化资源（非物质文化遗产、精神思想资源、艺术审美资源等②）。文化资源禀赋具有较强的空间依赖性，文化产业只有在特定的地理空间进行生产和服务活动，才能形成比较优势；文化资源禀赋本身也具有一定的空间集聚性，风俗、精神、行为习惯等具有很明显的地域性，相同的文化汇集在相同的空间，随着时间不断地累积，文化的集聚最终引发文化产业的集聚。Vanden Bergetal（1998）分析了文化资源的地理分布在文化产业集聚中起到的重要作用③，Camagni et al.（2002）认为文化与艺术资源是文化产业集聚的重要因素④。Lazzeretti 等（2008，2009）在地方化经济和城市化经济的分析框架中，纳入了人力资本、历史文化资源和 Florida（2010）的创意阶级，认为这些都会影响文化产业的空间集聚。

关于文化资源禀赋的衡量，一类文献将物质文化资源的数量或者人均数量作为代理变量。如梁君（2014）以每万人拥有非物质文化遗产数以及分布密度作为文化遗产的代理变量；赵星（2014）用文物藏品总件数（个）表示地区历史文化资源的丰裕程度；廉睿、杨修（2015）用人均博物馆文物藏品数来表示文化资源禀赋；

① 胡飞，葛秋颖. 中国内地创意产品贸易的发展及国际竞争力分析［J］. 国际贸易问题，2009（12）：81.

② 廉睿，杨修. 论我国文化产业集聚的不平衡性——基于中国 31 个省（自治区、直辖市）数据的实证研究［J］. 郑州轻工业学院学报（社会科学版），2015（6）：71.

③ Vanden Bergetal. City marking：A multi－attribute approach［J］. Tourism Management，1998（5）：475.

④ Camagni R，Gibelli M C，Rigamonti P. Urban mobility andurban form：the social and environmental costs of differentpatterns of urban expansion［J］. Ecological Economics，2002（2）：199.

刘珊（2014）用文物藏品数、世界级文化遗产或自然遗产数量、国家非物质物化遗产数量和人均藏书数量来表示文化资源存量因子。另一类文献则对几种物质文化资源的数量进行主成分分析，根据主成分得分将不同地区分为文化资源充裕和稀缺地区，在进行实证分析时以虚拟变量的形式代理文化资源禀赋。黄永兴（2011）选取了世界文化自然遗产等5个指标，对它们进行主成分回归，并将得分大于0的15个省份界定为文化禀赋优势省份，其他省份则为文化资源禀赋劣势省份。张变玲（2013）也采用类似方法，将北京、山东、浙江、江苏、山西、陕西、河南、云南、甘肃、四川等10个省市归为文化资源相对丰富省份，虚拟变量的取值设为1；其余省份为文化资源相对稀缺省份，虚拟变量的取值则设为0。

关于文化资源禀赋对文化产业及其集聚的影响，大多数国内研究认为文化资源禀赋对文化产业的集聚水平有着显著的正效应。袁海（2010）、黄永兴（2011）、雷宏振等（2012）、张变玲（2013）、刘珊（2014）、赵星（2014）等在进行回归分析时，均发现文化资源禀赋对文化产业集聚有着显著的积极影响，在我国具有良好历史文化资源的地区，文化产业倾向于集聚化发展。然而也有研究认为文化产业，尤其是新兴文化产业，创意、信息、人力资本等更重要，而文化资源禀赋的影响微乎其微。梁君（2014）研究了文化遗产和非物质文化遗产对2009年我国30个省市的文化产业区位熵的影响，结果显示文化产业集聚水平与文物密度是负相关关系，而与非物质文化遗产数量则呈较大的正相关关系。胡慧源（2014）基于江苏省13个地级市2007—2011年分行业数据，实证研究表明文化遗产资源和创意资源对江苏文化产业集聚的影响并不显著。廉睿、杨修（2015）在研究中国31个省市文化资源禀赋与集聚度之间的关系时，也发现文化资源禀赋并未通过显著性检验，这意味着文化资源禀赋并不是造成地区间文化产业集聚水平不平衡的主要原因。

第三节　文化产业集聚经济效应的相关研究

产业集聚与经济增长相伴而生、互为因果。然而，在新经济地理学引入经济增长分析之前，两者的相关研究是分离的：经典的空间地理学模型缺乏对经济增长的动态分析，主流的经济增长理论忽略空间地理因素的影响。20 世纪 90 年代，Krugman，Fujita 和 Venables 等在古典空间经济学的基础上创立了新经济地理学，通过建立一系列的模型（统称为 FKV 模型）来解释经济活动在空间上的集聚现象①。通过将空间因素纳入经济增长的一般均衡分析中，新经济地理学开创了主流空间经济分析的新时代。为了克服 FKV 模型静态化的缺陷，Martin & Ottaviano（2001）在 Grossman & Helman（1991）、Krugman（1991b）和 Vanables（1995）的纵向连接模型、Romer（1990）的内生增长模型的基础上，通过建立了一个产业集聚与经济增长相互影响的模型，分析两者之间的循环因果关系，将原来新经济地理学的静态模型动态化，试图在同一框架下同时分析空间集聚与经济增长的交互作用。基于新经济地理学的静态和动态模型，大量文献采用不同国家、地区的产业（主要是制造业）的数据，对产业集聚和区域经济增长之间的关系进行实证检验，这也成为区域经济、经济地理领域比较重要的研究主题之一。

一、产业集聚与经济增长的关系研究

新经济地理学在内生经济增长模型的基础上，将产业集聚作为影响经济增长因素之一，纳入生产函数中，建立了静态模型以分析

① Martin P. & G. Vottaviano, Growing Locations Industry in A Model of Endogeneous Growth, *European Economic Review*, 1999（43）.

产业集聚对经济增长的影响。考虑到经济活动的空间集聚后，j 企业生产函数形式如下：

$$y_j = g(A_j)f(x_j)$$

其中，x_j 表示劳动力、资本、技术等生产要素，A_j 表示产业集聚。j 企业的产出水平不但取决于投入的要素及其效率，也受到产业集聚效益的影响。j 企业从产业集聚中获取的收益为：

$$A_j = \sum_{k \in K} q(x_j, x_k) a(d_{jk}^G, d_{jk}^I, d_{jk}^T)$$

其中，$q(x_j,\ x_k)$ 表示企业从本企业和企业 k 获取的集聚收益，$a(\cdot)$ 表示企业 j 和企业 k 的距离，d_{jk}^G 是企业 j 和企业 k 的地理距离；d_{jk}^I 是企业 j 和企业 k 的产业距离；d_{jk}^T 是企业 j 和企业 k 的时间距离。

Krugman（1991a，b）、Vanables（1995）和 Grossman & Helman（1991）的研究大多都是采用生产函数法，将产业的空间集聚纳入经济增长模型，分析集聚的经济效应。然而采用新经济地理的静态模型来检验集聚对经济增长影响存在两大问题：一是数据的难以获得性和片面性。在模型分析产业集聚的经济效应时，对数据的要求比较高，尤其是企业的微观数据，限于某些变量无法获取或者进行定量的度量，在实证检验时被迫放弃一些指标，导致变量遗漏问题①。二是内生性问题。产业集聚与经济增长之间相互影响、互为因果，经济增长能促进产业的空间集聚，产业集聚也会推动经济的增长。然而，在分析产业集聚对经济增长的影响时，新经济地理学的静态模型忽略了经济增长本身对产业集聚的影响。虽然，后来的研究采用不同的方法来解决内生性问题，比如 Ciccone & Hall

① Rosenthal & Strange（2004），Evidence on the Nature and Sources of Agglomeration Economics：Cities and Geography，North – Holland，http：//econ. pstc. brown. edu/faulty/henderson/willandstuart. pdf.

（2004）等采用控制企业固定效应和时间效应的方法[①]，Sbergami（2002）通过引入地区人口密度的标准差作为工具变量[②]，Brulhart & Sbergami（2006）采用系统的广义矩方法（GMM）[③]，但是，产业集聚与经济增长孰为因果仍不能准确说明。

为了克服新经济地理静态模型的问题，尤其是内生性问题，Martin & Ottaviano（2001）建立了一个动态模型，分析产业集聚与经济增长的相互影响。模型假定有2个地区3个部门（同质产品部门、异质产品部门和创新产品部门），通过建立创新成本函数和支出函数，推导出经济增长与产业集聚之间关系的函数为：

$$g = \frac{2\alpha L}{\eta\beta\sigma}[\gamma + (1 - \gamma)\delta]^{1/(\sigma - 1)} - \rho\frac{\sigma - \alpha}{\sigma - 1}$$

$$\gamma = \frac{\alpha L(E + E^*)[(1 + \delta)\varepsilon - \delta]}{(1 - \delta)[\alpha L(E + E^*) + gNF]}$$

其中，上式反映了区域经济增长率 g 随着产业集聚水平 γ 提高而提高；下式放映了产品差异化、规模报酬递增假设下产业集聚水平 γ 随着区域经济增长率 g 的上升而上升的变化。

Martin & Ottaviano（2002）和 Baldwin（1999，2001）等的动态模型将内生经济增长模型和空间经济学计量模型融合在一起，阐述了经济持续的增长和产业集聚之间的内在关系。

基于新经济地理的静态，大量文献对产业集聚的经济效应进行了实证检验，其中，大部分研究如 Martin & Ottaviano（1999）、Fujita & Thisse（2002）、Bulhart & Sbergami（2006）等，都认为产业的空间集聚有利于经济增长，但是也有一些研究成果认为产业集聚

---

① Ciccone, A., Agglomeration Effects in Europe, EuropeanEconomicReview, 2002 (46: 213).

② Sbergami, F., Agglomeration and Economic Growth: Some Puzzles, HEI WorkingPaper, 2002 (2).

③ Brulhart, M. & F. Sbergam, Agglomeration and Growth: Empirical Evidence, ETSG WorkingPaper 2006, http: //www. hec. uni. lch/mbrulhart/papers.

对经济增长的作用并不显著（Beeson，1987；Bautista，2006），甚至有的研究认为这种作用为负（Sbergami，2002）。两种不同的研究结论的政策意义完全相反：前者要求政府从政策制订、舆论导向上鼓励和推动产业集聚；后者则认为政府没有必要在各类产业集聚区的建设上投入资金和政策支持。从研究方法上看，现有文献大多采用间接法和直接法来研究集聚与增长的关系。早期相关的实证研究大多数采取间接的方法，即从某个侧面探讨产业的空间集聚对于经济增长的影响。比如，Paci & Pigliaru（1997）、Segal（1976）和Sveikauskas（1975）、Beeson（1987）、Lucio et al.（2002）、Gogi-nath et al.（2004）、Dekle（2002）、Henderson（2003b、2003c）、Cingano & Schivardi（2004）、张妍云（2005）、范剑勇（2006）等都通过分析产业集聚对劳动生产率或全要素生产率的影响，来探讨集聚与增长的关系。Feldman（1999）、Eaton & Kortun（1996）、Keller（2002）等也从技术本地化外溢的角度探讨了产业集聚和经济增长的关系。Carlton（1983）、Rosenthal & Strange（2003）等从新企业数量的角度，来分析集聚对经济增长的影响。Glaeser & Mare（2001）等则从工资的角度来体现产业集聚对经济增长的影响。近期的研究则更倾向于对产业集聚与经济增长关系进行直接检验，比如Geppert et al.（2006）、Mitra & Sato（2007）、罗勇和曹丽莉（2005）等。

Keller（2000）、Ciccone（2002）等也基于Martin & Ottaviano（2002）和Baldwin（1999，2001）等的动态模型，采用不同地区制造业的数据分析区域经济增长与产业集聚之间的关系，证实了两者之间的确存在着累积循环因果关系。

二、文化产业集聚的经济效应研究

自DCMS（1998，2001）的关于英国创意产业空间分布的开创性研究以来，关于发达国家若干地区出现的文化创意集群、文化群落和创意城市的案例研究层出不穷（如 Scott，2000；Wies & Söndermann，2005；Wu，2005；Pratt，2006；Roodhouse，2006），这些研究强调了文化创意活动集聚对于生产集中和城市化进而对区域经济的重要性。随着中国文化产业的兴起，关于文化产业集聚的经济效应的研究也日益发展。这个方面的研究以实证分析为主，Andari et al.（2007），Cooke & Schwartz（2007），OECD（2006）等研究认为文化产业群对区域发展的贡献是通过直接经济绩效和间接经济绩效实现的。文化产业群的直接经济绩效体现在增加产出值、就业和对外贸易等三个主要的方面（WIPO，2000；SEO；1997；ACG；2001；Berg；2005；Henkel；2006 等）。文化产业集聚的间接经济绩效则体现产业发展带动整个地区产业集群的形成，甚至通过改变人们的行为习惯和思维方式等对文化氛围造成渐进的影响，而这些都将在长期内影响地区的经济规模和结构。

不同于其他产业发展可能会带来的环境污染、效率低下等问题，文化产业因其本身具有的高附加值、规模报酬递增、低污染和较强的技术溢出性，其集聚如果本身是高效的，对于优化产业结构、促进地区的就业、经济和出口的增长无疑都具有积极的作用。Power（2002）以瑞典文化产业的数据为基础，证实了文化产业的发展确实带动了区域经济和就业的增长，且文化产业内企业快速集聚的趋势强化了这种带动效应。Scott（2004）在回顾文化产业实证研究的基础上，从企业的角度分析了文化产业促进区域经济增长的机制，尽管这种分析完全是从文化产业本身的特征出发的，但 Scott（2004）非常强调集聚式发展对发挥文化产业经济效应的作用。童泽望、郭建平（2009）分析了文化集群对文化产业竞争力的促进作用。刘立云等（2010）借助于 ISM 模型，研究文化产业集群对区域经济增长的影响机制，发现文化产业集聚水平较高时，会形成很强的产业关联效应与波及效应，进而显著地推动区域经济增长。曹清峰等（2014）基于我国 2005—2010 年 31 个省区的面板数据，采用空间计量的方法研究了文化产业集聚对区域经济增长的影响，结果发现：以区位熵代表的文化产业集聚度每提高 1%，GDP 增长约 0.23%，这表明文化产业集聚对区域经济增长存在明显的促进作用，而且无论是否考虑空间相关性，这种影响基本上保持稳定。江瑶和高长春（2014）分析了 1996—2009 年我国 30 个省市文化产业的相关数据，结果表明文化产业集聚水平对文化产业的发展都存在着显著的促进作用。

第四节　对现有研究的评述

产业集聚是区域经济、产业经济领域中主要的研究主题之一，然而关于文化产业集聚的研究却是方兴未艾。关于文化产业集聚水平的度量、影响因素以及经济绩效等三个问题，国内外学者作出了重要而有价值的探讨，但限于时间短、文化产业数据不完备等局限，相关研究还需要在以下方面进一步发展和深化：

第一，关于文化产业集聚水平的计算，国内大多数文献采用基于空间单元划分的产业集中度、区位熵和赫芬达尔指数，这些指数简单可行，能够对文化产业某个侧面，比如产业的空间集聚或者地理单元上产业的集中，进行一定的描述。但是这些指标无论是从技术角度，还是从现实意义上讲都存在着一定的缺陷，并不能准确、客观和全面地反映出文化产业的空间分布和集聚水平。基于空间单元划分的指标中，E－G 指数相对而言最理想，但是由于其中赫芬达尔指数的计算涉及文化企业的数据，比较难以获取，国内文献在采用该指数时往往进行了一定的修正，而这种些处理却往往偏离了 E－G 指数的实质。基于企业距离的集聚度指标在国内文化产业的研究中很少被使用，因为这种方法不但要求文化企业的就业、产值等微观经济指标，还需要各个企业的地理坐标，目前国内还没有一个完备、权威的关于文化产业企业的数据库，如果使用这种方法，数据库的建立是必要的先行条件。在特定城市里采用基于企业空间距离的度量方法，通过分析文化企业具体的地理坐标及分布特点，从微观入手真实、准确地描述产业集聚水平，这应该是此后一段时间内相关研究的发展方向。

第二，关于文化产业集聚对区域经济增长的影响的研究缺乏理论基础。目前的实证研究大多都是将衡量经济增长的变量作为被解释变量，将文化产业集聚水平作为解释变量，分析后者对前者的影响。这种分析并未厘清文化产业集聚影响区域经济增长的机制和途径，简单地将两者进行回归分析，得出的结论可能并不一定与事实相符。相关研究应该从生产、消费等函数入手，将文化产业集聚看做是影响生产、消费的因素，通过局部或者一般均衡分析得出二者之间的关系，再对这种关系进行实证检验，这样一来，既能解释文化产业集聚影响经济增长的机制，又为这种机制找到数据的支持，使分析做到有理有据、令人信服。

第三，现有文献几乎都认为文化产业集聚对区域经济增长有着积极的促进作用，但却忽略了区域经济增长对文化产业集聚的影响，Lazzeretti et al.（2008，2012）、Chapain et al.（2010）、Currid & Williams（2010）等在研究欧美文化产业集聚时，都发现文化产业倾向于在经济基础和社会氛围较好的大都市中心集聚，这说明地区经济增长水平对文化产业集聚有着很大的影响。Baldwin & Forslid（2000）、Martin & Ottviano（2001）等认为文化产业的空间集聚与区域经济增长之间存在着内生关系，即产业集聚可能通过集聚效应推动区域经济增长，而区域经济增长则可能吸引劳动力、资本等生产要素不断地向该区域集聚，进而促进产业集聚。然而，现有文献在探讨文化产业集聚对区域经济增长的影响时，忽略了内生性问题，这也是后续研究着力的方向。

第四，在分析文化产业在空间上的集聚现象时，不能忽略空间相关性和依赖性的问题。目前很多文献在探讨文化产业集聚的状态、成因和经济效应时没有进行空间计量的分析，这种分析的结果往往与现实的情况有差异。随着任英华等（2015）、孙智君和李响（2015）、曹清峰等（2015）等在分析中引入 Moran 指数，关于文化产业集聚的空间计量分析必将成为此后实证研究的主要方法。

本书利用 2005—2015 年我国 31 个省市文化产业的面板数据，计算文化产业的空间 Gini 系数、区位熵 LQ、赫芬达尔指数 HHI 及其倒数，对 31 个省市文化产业的集聚程度进行定量刻画和分析。在传统区位优势理论、新经济地理理论和新竞争理论的框架下，对影响文化产业集聚的因素进行了实证分析；此外，基于不同类型的产业集聚及其动态外部性理论，从理论和实证两个方面考察了文化产业集聚的 MAR 外部性、Jacobs 和 Porter 外部性对文化产业全要素生产率的影响，以此厘清文化产业集聚影响产业乃至区域经济增长的机制和途径。

第三章 我国文化产业集聚的区域性与产业性差异

第一节　文化产业的内涵与外延

一、创意产业文化与产业

关于文化产业，各国政策、各种理论研究都是从各个角度或宽泛或狭义地界定这个概念，并未形成统一、权威的界定。与之相关的概念包括创意产业、版权产业和内容产业等，正是由于内涵与外延上的差异，导致文化产业相关研究无法深入、更难以进行跨国分析。

“文化产业”一词最早来源于法兰克福学派的批判理论家 Theodor Adorno 和 Max Horkheimer，在他们合作出版的著作《启蒙辩证法》（1944）中，他们将文化产业界定为生产电影、广播、杂志等标准化文化产品的工业体系，并从纯艺术的角度批判工业化大规模生产的文化产品对人们的诱惑、控制和欺骗。20 世纪 60 年代早期，一些学者开始认识到文化的商业化并非一定导致文化的庸俗化，相反，将文化产品和服务产业化或者数字化会明显提高其质量。随后，文化产业一词频频出现在理论研究中，比如 Adorno（1991）、Breton（1982）、Cook（1996）、Frey（1992）、Kong（2000a）、Mattelart & Piemme（1982）、Pratt（1997b）、O'Connor（2000）、Scott（1997，2000b）。加上各国政府以及世界性组织如世界知识产权组织（World Intellectual Property Organization，WIPO）和联合国教科文组织（United Nation Educational，Scientific and Cultural Organization，UNESCO）等的宣传，文化产业作为新兴产业逐渐被认同和接受，并已经成为包含广泛领域的名词，包括音乐、艺术、写作、时尚设计和传媒行业，即广播、出版发行、电影电视等。它不仅只包括技术密集型产品，还包括发展中国家大量生产的手工制品，这些生产有着显著的经济价值和深远的社会和文化意义。

“创意经济”是更宽泛的概念，除了包括文化产业的产品和服务，还包括多种类型的研究和软件开发在内的创新活动。20 世纪 90 年代，澳大利亚首先在国家文化政策中运用到这个词。20 世纪 90 年代末，英国文化、媒体和运动部（Department of Culture，Media & Sport，DCIM）开始将文化产业修改为创意产业，随后，英国咨询家 Charles Landry《创意城市》一书极大地推动了创意产业的第一次繁荣。接着，美国城市研究专家 Richard Florida 提出“创意阶层”的概念，认为创意阶层是现代城市社会创新能力和文化进步的主要来源，城市的发展离不开创意阶层。创意与城市经济发展、城市规划之间的密切联系也推动了文化产业向创意产业的转变。

大量不同的模型试图从结构上区分文化产业和创意产业，“创意和文化产业”一词在不同的环境下含义不同，学者们从他们各自所处的环境、文化和市场出发，搭建不同的结构模型，划分标准的不统一导致了一些问题。UNESCO 在 2013 年版本的《创意经济报告》中列举了一系列不同的划分系统，见表 3－1。该表同时包括文化产业和创意产业，由此可以反映两个名词的广度和多样化。

表 3－1　UNESCO 列举的不同划分系统下文化产业与创意产业

<table>
<tr>
<td>1. 英国 DCMS 模型
——广告
——艺术和古董市场
——设计
——电影和录像
——表演艺术
——软件
——电子和计算机游戏
——建筑
——工艺品
——时尚
——音乐
——出版发行
——电视、广播</td>
<td>2. 代码模型
——核心文化产业
——广告
——互联网
——出版发行
——电子和计算机游戏
——电影
——音乐
——电视和广播
——外围文化产业
——创意艺术
——边界文化产业
——消费类电子
——软件
——时尚
——体育</td>
<td>3. 同心圆模型
——核心创意艺术
——文学
——音乐
——表演艺术
——视觉艺术
——其他核心文化产业
——电影
——博物馆和图书馆
——更广的文化产业
——文化遗产服务
——出版发行
——录音
——电视和广播
——电子和计算机游戏
——相关文化产业
——广告
——设计
——建筑
——时尚</td>
</tr>
<tr>
<td>4. WIPO 版权模型
——核心版权产业
——广告
——电影和影碟
——出版发行
——电视和广播
——集中管理
——表演艺术
——软件
——视觉和绘图艺术
——相关版权产业
——刻录材料
——乐器
——影印机
——消费类电子
——纸张
——影像器材
——边界版权产业
——建筑
——设计
——家居用品
——服装和鞋类
——时尚
——玩具</td>
<td>5. UNESCO 机构统计模型
——核心文化产业
——博物馆、艺术馆、图书馆
——表演艺术
——节日
——视觉艺术、工艺品
——设计
——出版发行
——电视、广播、电影和影碟
——摄影
——互动媒体
——延伸的文化产业
——乐器
——建筑
——软件
——音响设备
——打印设备
——视听硬件</td>
<td>6. 美国艺术模型
——广告
——建筑
——艺术学校和服务
——设计
——电影
——博物馆和动物园
——音乐
——表演艺术
——出版发行
——电视、广播
——视觉艺术</td>
</tr>
</table>

资料来源：*UNESCO Institute for Statistics*，2013。

从表3-1可以看出，关于文化和创意产业的不同界定，有的非常宽泛，如WIPO版权模型；有的比较狭窄，如美国的艺术模型。总体而言，随着创意、创意人才密集程度从高到低，文化、创意产业包括核心、相关、延伸三个层次，英国基金委员会（2007：103）、Throsby（2001，2008）等研究或者报告都以同心圆的形式来直观地说明文化和创意产业的区别和联系。其中Throsby（2001，2008）的图形是最早也是引用最多的，如图3-1。

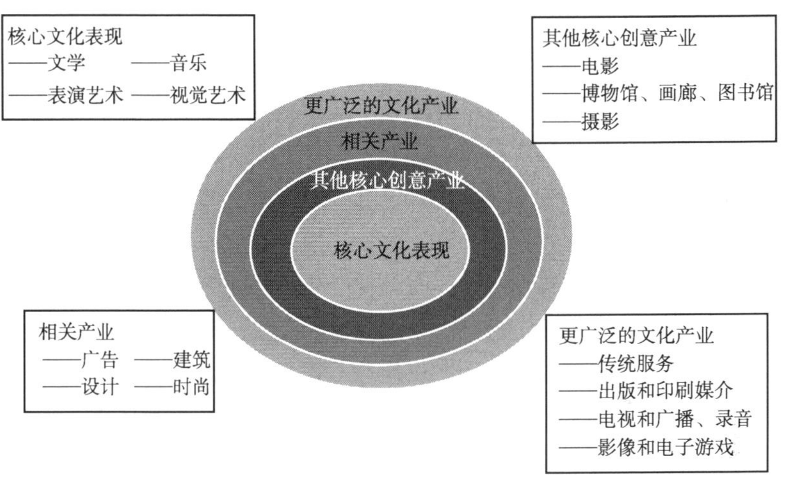

图3-1 Throsby关于文化产业界定的同心圆

资料来源：*UNESCO Institute for Statistics*，2013。

二、我国国家统计局2004年和2012年的界定

随着文化、创意产业在欧美、日本、韩国等国家和地区兴起并蓬勃发展，我国也意识到文化、创意产业在新经济形势下的重要意义。1998年8月，文化部成立了文化产业司，这是我国政府部门第一次设立文化产业专门的管理机构，主要负责支持、促进和引导文化产业的建设与发展，帮助推进对外文化产业交流与合作。根据

2003年9月文化部的《关于支持和促进文化产业发展的若干意见》，文化产业被界定为："从事文化产品生产和提供文化服务的经营性行业"，并将文化产业与文化事业清楚地区分开来。这是我国首次从产业意义上界定文化经济活动。2004年，随着更多形式和种类的文化经济活动的出现，国家统计局对从更加宽泛的范围内对文化及相关产业进行重新界定，即"为社会公众提供文化娱乐产品和服务的活动，以及与这些活动有关联的活动的集合"。参考UNESCO同心圆的界定方式，将我国文化及相关产业分为文化产业核心层、文化产业外围层和相关文化产业层，这三个层次具体包括九大行业，即新闻服务；出版发行和版权服务；广播、电视、电影服务；文化艺术服务；网络文化服务；文化休闲娱乐服务；其他文化服务；文化用品、设备及相关文化产品的生产；文化用品、设备及相关文化产品的销售，具体见图3-2。

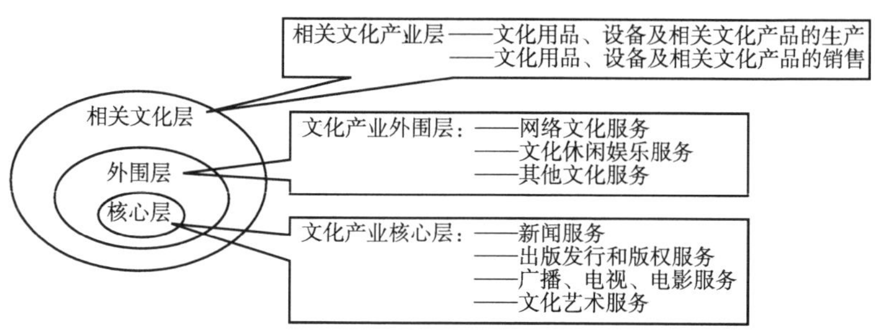

图3-2 国家统计局《文字及相关产业分类》（2004年）

随着我国文化体制改革的顺利推进，中央和地方政府的大力鼓励、引导和支持，同时随着人民生活水平的提高，对文化产品及服务的市场需求的繁荣，文化产业在供需两方面力量的作用下发展迅速。与此同时，随着文化产业逐渐与旅游、金融、信息等产业的融合，出现了一些新的文化产业业态。对于这些新情况和新变化，各地在应对和解读时方式各不相同，造成了文化及相关产业统计标准、方法上的较大差异，非常不利于文化产业发展水平的整体描述和横向比较。在此背景下，2012 年，国家统计局颁布了《文化及相关产业分类（2012）》，对 2004 年的旧标准进行了修改。根据《文化及相关产业分类（2012）》，文化及相关产业是指“为社会公众提供文化产品和文化相关产品的生产活动的集合”。这种内涵的界定比 2012 年的界定更加宽泛，将更多与文化、创意相关的经济活动纳入文化及相关产业的框架中。同时在此借鉴 UNESCO《文化统计框架——2009》的分类方法，在《国民经济行业分类》的基础上，将文化及相关产业划分为两个目录（文化产业的生产和文化相关产品的生产）十大部类：新闻出版发行服务、广播电视电影服务、文化艺术服务、文化信息传输服务、文化创意和设计服务、文化休闲娱乐服务、工艺美术品的生产、文化产品生产的辅助生产、文化用品的生产、文化专用设备的生产，具体见图 3 – 3。2012 年的修订完全延续了 2004 年《文化及相关产业分类》分类原则和方法，但在旧标准的基础上，调整了类别结构，同时摒弃原有统计体系中的“核心层、相关层、外围层”三个层次的分类，从文化及相关产品的生产和服务等四个方面对产业进行细分；在减少

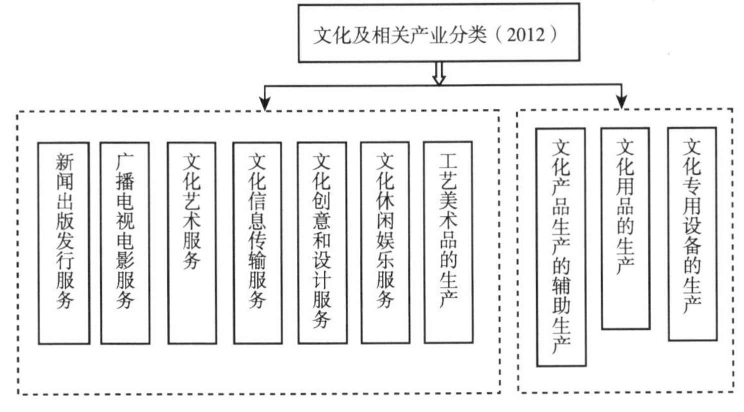

图 3 – 3　我国文化及相关产业分类（2012）

少量不符合产业定义的活动（如旅行社、休闲健身娱乐活动、教学用模型及教具制造、其他文教办公用品制造、其他文化办公用机械制造和彩票活动等）的同时，增加了与文化生产活动相关的内容和部分行业小类（如创意、新业态、软件设计服务）。目前，国家统计局《文化及相关产业分类（2012）》成为是国内关于文化产业最权威的界定，成为产业统计、理论研究、政策制定与评估的重要依据。

三、本书的界定

目前，国家统计局《文化及相关产业分类（2012）》中关于我国文化产业的界定与分类最具权威性，故此，本书就是根据这个分类确定文化产业的外延和内涵。但是，由于目前收录与该界定完全一致的省级层面统计数据的权威资料只有《中国经济普查年鉴（2013）》和2013—2016年的《中国文化及相关产业统计年鉴》，前者非常完整，但是缺乏前几年的数据；后者虽然包括文化产业10个子行业的数据，但是有些指标并没有详细的统计，且大多数据参考2004年、2008年和2014年全国经济普查的数据。因此，在进行现状描述时，本书的数据来源主要是这两个年鉴。上述年鉴提供的数据虽然准确、完备，但是由于考察时间太短，无法反映出较长时间内各省市文化产业的集聚水平及其变化趋势，更不能为集聚的成因、经济效应的实证分析提供较大容量的样本数据。因此，本书借鉴任英华等（2015）、王猛等（2015）的做法，采用各省文化、体育和娱乐业从业人数代表文化及相关产业的从业人数，在此基础上进行集聚度的计算、成因和经济效应的实证分析。不可否认，采用这种替代的方式计算文化产业集聚度，其结果并不十分准确。然而，根据《国民经济行业分类》（GB－T4754－2002）的行业分类，文化、体育和娱乐业门类包括新闻出版业，广播、电视、电影和音像业，文化艺术业，体育和娱乐业等5个子产业，这与

《文化及相关产业分类（2012）》中关于文化服务业的界定非常相似，而最能体现文化及相关产业本质属性的核心部分就是文化服务业。相对而言，排除掉的文化制造业，其相关数据难以获得，且随着文化产业的发展，文化制造业的影响及重要性日渐式微①。因此，以文化、体育和娱乐业从业人数作为文化产业就业水平的衡量指标，既有技术上的可行性，也有一定的现实依据。

第二节　我国文化产业发展概况

一、总体规模与结构

（一）总体规模

作为新兴产业，文化产业在我国发展迅速，凭借独特的产业属性和优势，成为新常态经济背景下新的经济增长点。国家统计局的数据显示：2004 年，我国文化产业增加值仅仅只有 3440 亿元，经过 10 多年的发展，2015 年时，已经激增至 27235 亿元，占 GDP 的比重也从 2.15% 上升到 3.97%，年平均增长率为 21%，见图 3－4。

随着总体规模的扩大，文化产业吸纳的就业人数也逐年增加。根据三次全国经济普查的数据，2004 年我国文化产业从业人数为 873.26 万人，2008 年为 1008.22 万人，2013 年则上升到 1760 万人。其中，文化服务业从业人数增长最快，由 2004 年的 301.47 万人上升到 2013 年的 808.4 万人，见图 3－5。根据国家统计局 2016 年公布的数据，截至 2015 年底，我国文化产业吸纳就业人数已达 2041 万人，比 2014 年增长 6.0%，占全社会就业总人数的 2.6%。分

① 顾乃华，夏杰长．我国主要城市文化产业竞争力比较研究［J］．商业经济与管理，2007，（12）：52－57.

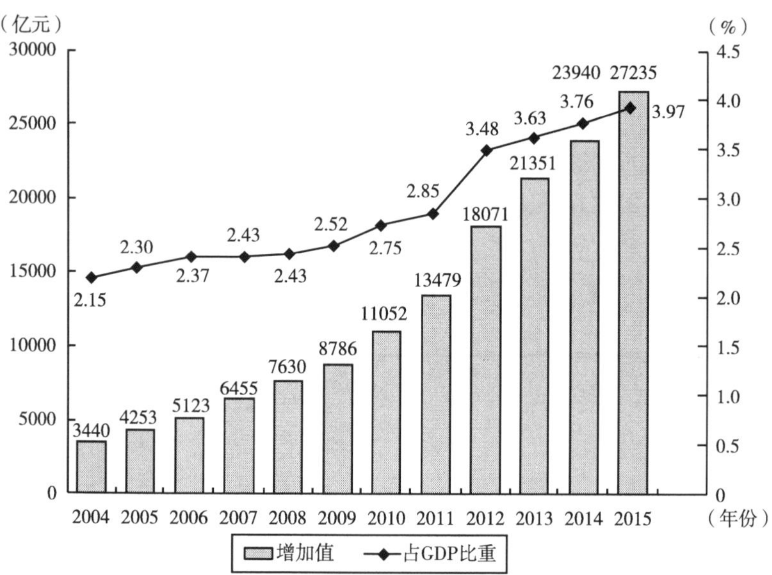

图 3－4　2004—2015 年我国文化产业增加值及占 GDP 比重

数据来源：国家统计局。

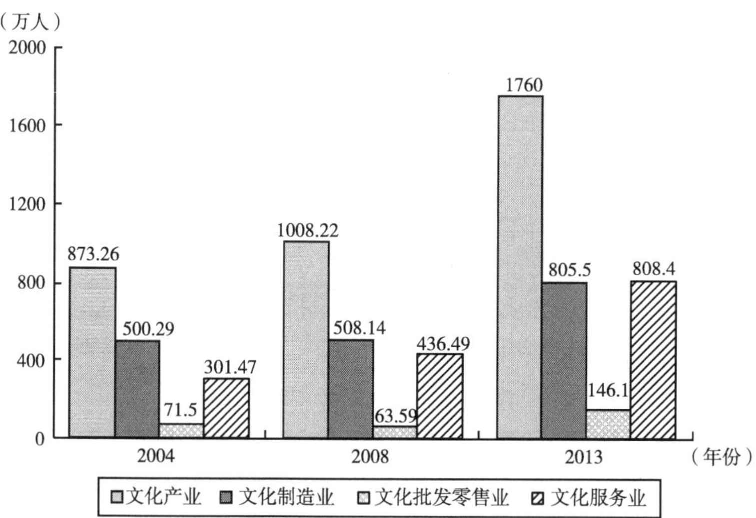

图 3－5　文化及其相关产业就业人数

行业看，文化休闲娱乐服务业就业人数为 187.2 万人，增长 14.7%；文化信息传输服务业就业人数为 88.2 万人，增长 12.8%；广播电视电影服务业就业人数为 71.5 万人，增长 12.6%；文化用品生产就业人数为 444.8 万人，占 21.8%，是所占比重最大的产业；文化创意和设计服务业就业人数为 366.7 万人，占 18.0%。

文化产品和服务的对外贸易规模日益扩大，尤其出口增长迅猛，导致贸易顺差逐年增加。2005 年，我国文化产品和服务进出口总额为 187.2 亿美元，其中，出口额 176 亿美元，进口额为 11.2 亿美元，贸易顺差为 164.7 亿美元；到了 2015 年，文化产品和服务进出口总额为 1273.7 亿美元，其中，出口额 1118.3 亿美元，进口额为 155.4 亿美元，贸易顺差为 962.9 亿美元。在 10 年中，除了 2009 年受到金融危机的影响有所回落外，贸易总额、出口额和进口额逐年增长，分别保持了年均 25.73%、24.89% 和 37.96% 的增长率，见图 3－6。

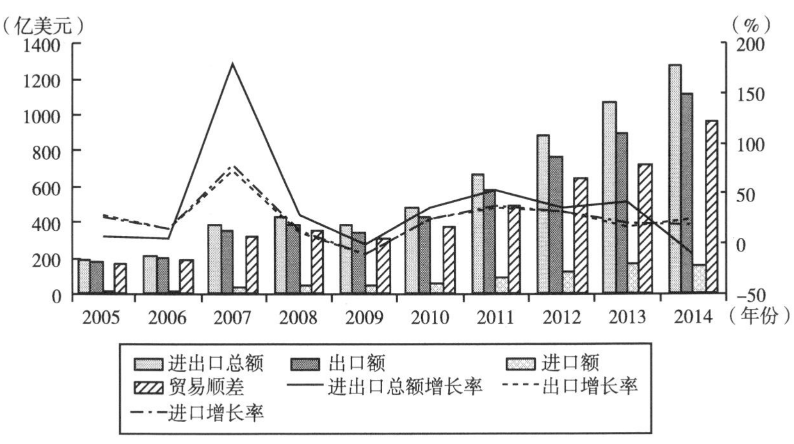

图 3－6　2005—2014 年我国文化产品和服务对外贸易

（二）产业结构日趋合理

随着文化产业总体规模的扩大，产业内部的结构也在逐步升级，文化制造业的比重缓慢下降，而文化服务业的比重越来越高。

如图3－7所示，2004年，文化制造业、文化批发零售业和文化服务业增加值分别为1481亿元、328亿元和1241亿元，占文化产业增加值的比重分别为47.7%、10.6%和40%；2014年，三个产业的增加值分别为9913亿元、2386亿元和11641亿元，文化制造业的比重下降到41.4%，而文化服务业的比重上升到48.6%。根据国家统计局公布的最新统计数据显示，2016年，文化及相关产业包括的10大行业都实现总量的增长，而文化服务业的增长尤其迅速。其中，有5个行业实现两位数以上增长：文化信息传输服务业，营业收入2502亿元、增长29.7%；文化艺术服务业，营业收入125亿元、增长19.8%；广播电视电影服务业，营业收入712亿元、增长16.4%；文化创意和设计服务业，营业收入4341亿元、增长11.1%；文化休闲娱乐服务业，营业收入496亿元、增长17.8%。增长最快的文化信息传输服务业是文化产业与互联网深度融合产生的新模式和新业态，它以“互联网＋”为主要形式，代表着文化产业未来发展的新维度。

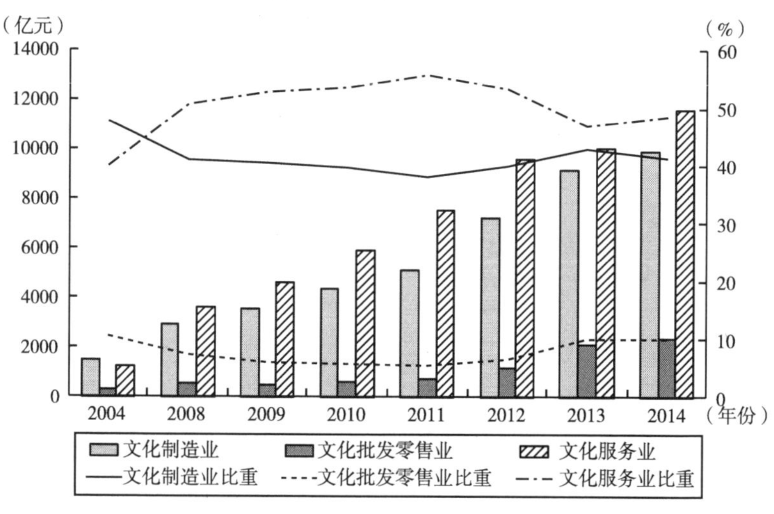

图3－7　2004—2014年我国文化产业各行业增加值及其比重

二、各省份文化产业的静态比较

（一）省际的分布与比较

从区域分布上，由于资源禀赋、经济基础、消费水平与结构等的差异，我国各地区的文化产业发展存在着显著的不均衡性：东部沿海地区比较发达，中部、东北地区次之，而西部地区较落后，总体上呈现出自东向西逐渐递减的梯度格局。如表3－2所示，从三次经济普查的数据可以看出，广东、浙江、北京、上海、江苏、山东这6个经济最发达的地区，文化产业的法人单位数、从业人员和资产总规模都比较大，均分别占全国的比重的10%左右，即约60%全国文化产业都集中在这6个省市。其他东部省市除海南外，文化产业的总体规模普遍相对比较大。分区域横向对比来看，东部地区10个省市文化产业的发展水平比较接近，河南、湖北和湖南是其中发展较快的地区。西部地区除了四川外，其他省市文化产业相对落后，尤其是青海、贵州和宁夏等地区。

表3－2　各省市文化及相关产业法人单位数、从业人数和资产规模

年份	2004			2008			2014		
地区	法人单位（万个）	从业人员（万人）	资产总计（亿元）	法人单位（万个）	从业人员（万人）	资产总计（亿元）	法人单位（万个）	从业人员（万人）	资产总计（亿元）
全国	31.79	873.26	18316.6	46.07	1008.22	27486.6	918482	1760.0	95422.1
北京	3.03	55.51	2942.4	3.77	58.20	3584.9	97752	94.2	9295.8
天津	0.58	15.10	389.8	0.91	15.71	918.2	19912	36.0	3749.3
河北	0.71	25.53	360.5	1.22	24.10	475.2	28826	48.5	1869.9
山西	0.57	14.42	142.9	0.84	13.45	207.0	14227	21.1	718.4
内蒙古	0.32	10.11	78.1	0.60	9.84	167.8	9396	13.9	558.9
辽宁	1.20	28.25	551.0	1.79	27.46	687.1	26565	38.1	1737.6

续表

年份	2004			2008			2014		
地区	法人单位（万个）	从业人员（万人）	资产总计（亿元）	法人单位（万个）	从业人员（万人）	资产总计（亿元）	法人单位（万个）	从业人员（万人）	资产总计（亿元）
吉林	0.41	12.29	155.4	0.67	12.89	307.0	7920	13.2	481.8
黑龙江	0.45	15.94	190.2	0.74	13.52	258.6	9673	14.6	405.4
上海	3.00	50.12	1747.5	2.90	47.37	2261.1	38551	71.0	7703.2
江苏	2.66	71.57	1349.8	3.72	78.24	2084.9	94856	193.1	11884.4
浙江	3.13	79.22	1523.3	4.43	87.16	2694.2	85683	134.3	8335.7
安徽	0.68	21.61	286.7	1.30	23.11	447.7	35100	51.1	2290.7
福建	1.27	48.33	675.0	1.80	45.65	1092.2	34194	77.3	2666.8
江西	0.50	15.69	162.0	0.69	19.68	349.6	15969	50.9	1424.2
山东	1.72	75.17	1268.3	3.38	77.45	1895.3	59169	130.1	9411.5
河南	0.93	36.93	366.2	1.62	39.97	618.7	35082	84.8	3047.4
湖北	0.74	24.88	369.7	1.69	25.31	465.0	33683	49.1	3207.3
湖南	0.75	25.76	438.6	1.57	27.48	592.0	35978	93.2	2710.5
广东	3.63	231.14	3428.6	4.91	240.33	5413.3	104311	332.4	13550.4
广西	0.80	19.14	226.9	1.14	19.56	363.9	17464	29.5	808.8
海南	0.18	4.62	152.8	0.25	4.76	242.7	3566	6.0	899.7
重庆	0.43	14.26	204.3	0.91	12.91	275.2	21110	32.2	1792.5
四川	1.57	36.97	729.5	1.87	28.29	943.4	26339	48.8	2653.0
贵州	0.30	7.69	74.4	0.46	6.41	105.9	9941	13.1	701.6
云南	0.61	14.66	240.5	0.77	13.27	353.2	14200	21.6	1052.2
西藏	0.03	1.50	8.5	0.05	0.96	18.7	846	1.7	41.2
陕西	0.58	16.35	229.0	0.88	16.72	354.9	17118	27.9	1476.8
甘肃	0.37	8.50	78.1	0.41	7.39	88.4	8859	13.8	346.3
青海	0.10	2.93	16.3	0.12	2.06	19.7	2162	4.1	187.4
宁夏	0.14	3.88	61.8	0.16	2.64	84.3	2756	4.1	165.5
新疆	0.39	8.30	104.2	0.51	6.31	116.6	7274	10.1	248.0

数据来源：2004 年、2008 年、2014 年《全国经济普查年鉴》。

2004 年，全国文化产业的法人单位数和就业人数的地理分布还比较分散，虽然东部地区集聚程度高，但是西部、中部地区也相对较高；然而，西部地区集聚的就业人数和法人单位数都相对较少，地理性的东西失衡更明显了。除此之外，从 2004—2014 年，东部地区领先、中部地区居中和西部地区落后的总体格局仍未改变。

根据国家统计局关于规模以上文化及相关产业企业的统计数据显示，我国东部地区的文化企业在 2016 年实现了 59766 亿元的年营业收入，占全国 74.4%，中部、西部和东北地区文化企业分别实现营业收入 13641 亿元、5963 亿元和 943 亿元，占全国比重分别为 17.0%、7.4% 和 1.2%。然而，从增长速度看，比起 2015 年，西部地区增长 12.5%，高于东部地区和中部地区 7.0% 和 9.4% 的增长率，东北地区继续下降，降幅为 13.0%。文化产业区域性的差异非常突出，然而，随着我国经济发展进入新常态，文化产业在推动经济转型中的作用日益凸显，尤其是“十三五”规划纲要制定了“文化产业成为国民经济支柱性产业”的发展战略规划，在此引导下，各个省市纷纷制定区域性的文化产业发展规划，对本省市文化产业的发展进行合理的布局，此外，随着长江经济带、环渤海经济带、藏羌彝文化产业走廊等文化经济圈的辐射带动和协同发展，以及“一带一路”倡议的推进，文化产业发展的区域差距将逐渐缩小，区域间和区域内、产业间和产业内的联动会越来越强，成为推动文化产业均衡发展的引擎。

（二）各地产业园区

产业园区是产业集聚式发展的重要方式和标志，从 20 世纪 90 年代开始，我国各省市在政府推动和市场驱动下，开始建设各种类型的文化产业园区，通过融合各地的文化传统、地理优势、经济资源和市场网络等自然和社会经济因素，建立和发展各种特色的文化产业群，通过发挥集群效应，推动文化产业的加快发展。如图3－8所示，1990年，我国各地的文化产业园区仅20个；2000年，已经累计93个；2010开始，文化产业园区的建设呈现井喷态势，当年新增298个园区，累计1194个。截至2015年，全国各类文化产业园区的总数量达到2683个。

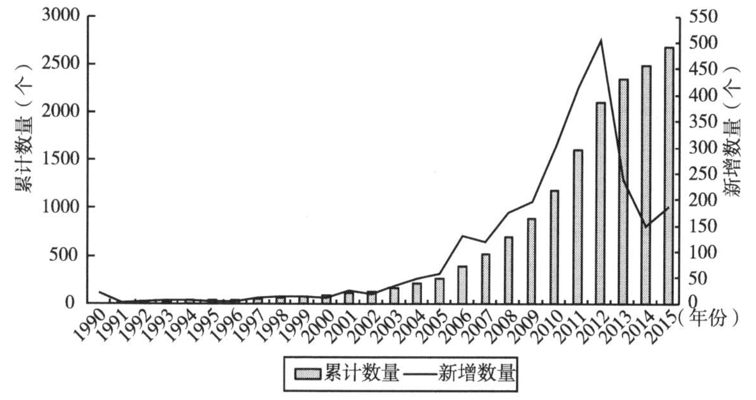

图3－8　1990—2015年我国文化产业园区的累积及新增数量

各地文化产业园区在不同的区域的空间分布也极其不均衡。2015年，全国共有各类文化产业园区共2575个，其中，东部地区就有1825个，占到近71%；中部地区和西部地区分别有512个和238个，分别占全国总量的20%和9%。与此同时，我国文化产业园区在三大经济区域之间的分布极不平衡，东中西部地区间的差异非常大。即便是东部11省市中，也存在着显著的差异，山东、江苏、上海、广东和浙江分别有343个、252个、239个、238个和210个，而河北、辽宁、天津、海南分别仅有77个、72个、66个和28个。

经过20多年的发展，我国已经形成了三个层次的文化产业示范园区和基地：国家级、省市级和地方特色型，同时以国家级为龙头，省市级为骨干，地方特色园区、基地为支点，通过阶梯式、全方位的分布格局，共同推动全国各个地区文化产业的快速发展。然而，文化产业园区遍地开花、快速扩张的过程中，也凸显出很多严重问题，比如效率低下、功能不强、定位不清、同质化严重、缺乏互动竞争性等，同时文化产业园区与当地经济的融合和协同性也不足，产业集群的扩散效应和协同效应较低，这都为此后文化产业园区从重数量向重质量的转变提出了要求。

第三节　我国文化产业集聚的动态变化与静态比较

一、集聚度的衡量指标及数据来源

由于文化企业的地理及经济数据较难获取，关于文化产业空间集聚水平的计算，国内外研究普遍采用的指标包括产业集中度、区位熵、空间基尼系数、修正过的赫芬达尔指数和 EG 指数[①]等，但每个指标都有其优势与弊端，应该根据具体的情况，采用适当的指标。产业集中度、赫芬达尔指数比较强调的是区域内产业的集中程度，而区位熵、空间基尼系数系数则侧重于刻画产业的空间集中程度。为了全面反映文化产业的空间集聚和产业集中程度，本书以文化产业的就业人数为基础，同时采用空间基尼系数和区位熵指数来计算国家和省级层面文化产业的空间分布和集聚；采用赫芬达尔指数来计算两个层面上文化产业的产业集中度（见表 3 – 3）。

① 由于缺乏文化企业的数据，很多研究在使用赫芬达尔指数和 EG 指数时，被迫做出企业规模相同的假定，利用区域的数据来替代企业数据。

表 3-3　　本书集聚度的衡量指标

指标	公式	变量含义	侧重点
空间基尼系数	$G=\sum_{i=1}^{N}(S_i-X_i)^2$	S_i：i省市文化产业的就业人数占全国文化产业就业人数的比重； X_i：i省市文化产业的就业人数占全国就业人数的比重。	国家层面文化产业的地区结构
区位熵	$LQ_{ij}=\frac{q_{ij}/q_j}{q_i/q}$	q_{ij}：j省市文化产业的就业人数； q_j：j省市所有产业的就业人数； q_i：全国文化产业的就业人数； q：全国所有产业的就业人数。	省级层面文化产业的地区结构
赫芬达尔指数	$HHI=\sum_{i=1}^{n}(X_i/X)^2$	X：全国文化产业的就业人数； X_i：i省市文化产业的就业人数。	地区的产业结构

本书主要基于2012年国家统计局关于文化及相关产业的界定来选取文化产业就业人数数据。在2012年国家统计局重新定义文化产业之前，关于文化产业子产业的划分标准较多，在数据统计和政策报告中，不同省市划分的差异很大，导致数据没有可比性；而在理论研究中，大多数研究比如曹清峰等（2014）、孙智君等（2015）等一般采用《中国文化文物统计年鉴》的数据来计算各个经济区域文化产业的集聚度。严格来讲，《中国文化文物统计年鉴》针对的是文化事业，而非文化产业，相关的统计数据反映的是我国文化部、国家广电总局等部门下属的艺术表演、文化市场、文物、公共图书馆、群众文化等文化事业的生产、消费情况，并不能准确反映我国文化产业的情况。本书在界定文化产业时，依据的是2012年国家统计局的定义，全面考察文化及相关产业的10个大类（即新闻出版发行服务、广播电视电影服务、文化艺术服务、

文化信息传输服务、文化创意和设计服务、文化休闲娱乐服务、工艺美术品的生产、文化产品生产的辅助生产、文化用品的生产、文化专用设备的生产）、50 个中类和 120 个小类的文化及相关产业。在数据来源方面，主要依据的是《中国文化及相关产业统计年鉴》；2004 年、2008 年和 2014 年三次全国经济普查的数据；国家统计局依据常规统计年报数据，测算的历年来我国文化产业的增加值、单位数、从业人员数、经营和资产情况等主要指标的数据。以上三类数据能够比较全面、准确和细致地反映我国文化产业发展的总体规模和基本构成。

二、国家层面的集聚水平及动态变化

我国文化产业起步较晚，从发生机制上看，前期政策引导的作用比较大。随着国家政策的鼓励及舆论的引导，加上英国、美国、日本、韩国等文化产业的成功示范，各省市纷纷出台政策，鼓励和推动地区文化产业的发展。在从上而下的发生机制下，各地全面推进文化产业的发展，这就决定了在文化产业发展的初级阶段，产业的地理集聚水平相对较低。基于文化产业就业人数计算的空间 Gini 系数显示，2003—2015 年，我国文化产业的空间集聚水平比较低，这表明虽然文化产业发展的速度快、规模大，但是在空间上呈现出比较分散的格局。具体如图 3 - 9 所示，2003 年，文化产业空间 Gini 系数为 0.0031，比较接近 0，这说明从全国范围来讲，文化产业几乎呈现出比较均匀的空间分布状态；2005 年，空间 Gini 系数上升至 0.0152，这也是 2003—2015 年的峰值，这与北京、广东等地文化产业快速扩张有关；2006 年，空间 Gini 系数重新回落至 0.0069；截至 2015 年，空间 Gini 系数一直在 0.0115 之下的水平。

但是，从图 3 - 9 也能看出，尽管文化产业空间 Gini 系数整体水平较低，显示出空间上分散的格局，但是从变化趋势上看，空间 Gini 系数呈现出逐渐上升的趋势，这意味着我国文化产业空间集聚

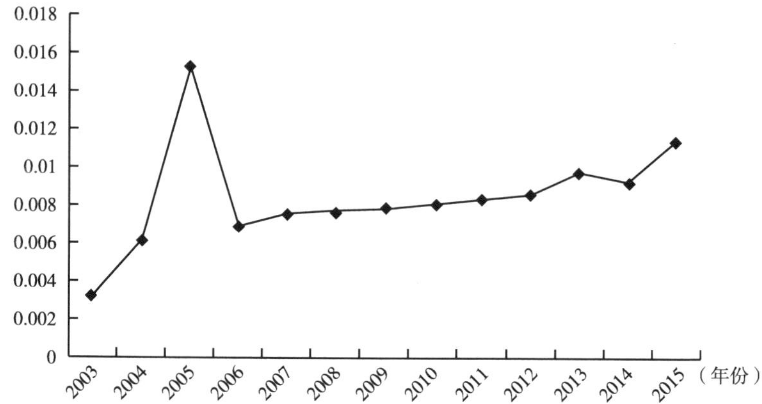

图 3－9　2003—2015 年我国国家层面文化产业 Gini 系数及其变化

水平在缓慢提高，尤其是 2012 年以后，集聚水平呈现出增速增长。随着文化产业的发展，市场的作用逐渐凸显，北京、上海、内蒙等省份充分发挥地区经济、资源禀赋、地理位置等优势，发展各地特色性的文化产业，并形成文化艺术、数字娱乐、影视传媒、文化旅游等为主的文化产业圈，吸引大量文化企业汇集在一起，因此较大程度上提高了这些地区文化产业的地理集聚水平。

尽管国家层面文化产业 Gini 系数显示我国文化产业整体的空间集聚水平较低，但是，如果按照通常的三大经济区域来分别核算空间 Gini 系数，就会发现东部和中、西部之间的差异还是比较大，受到经济发展水平、地理位置、自然资源、消费结构等影响，东部地区文化产业发展规模更大，从地理分布的格局上，也更加集中。具体如图 3－10 所示，明显地，尽管空间 Gini 系数绝对水平较低，但是相对而言，东部地区文化产业空间集聚水平远远高于中部和西部，且东部地区空间 Gini 系数的绝对值与变动趋势基本上决定了全国文化产业空间 Gini 系数的绝对值与变动趋势。

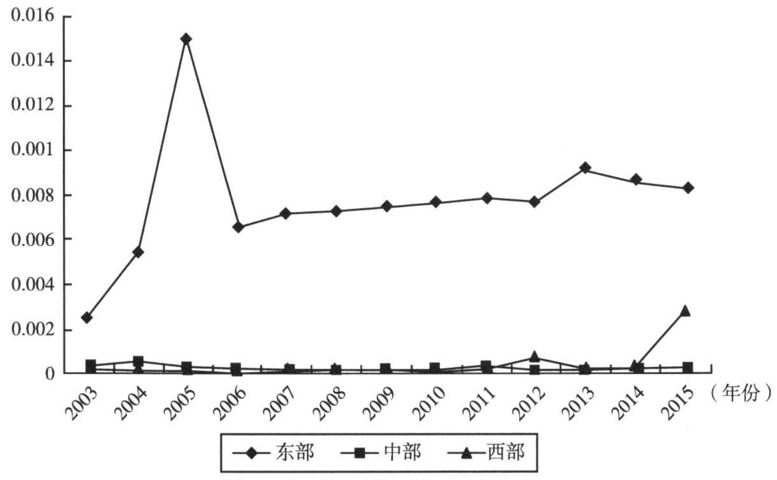

图 3－10　2003—2015 年我国东、中、西部地区文化产业空间 Gini 系数及其变化

空间 Gini 系数在三大经济区域呈现出的差异，说明文化产业空间集聚水平与发展规模之间存在着一定关系。如图 3－11 所示，在萌芽阶段，文化企业开始出现在极少数城市或者地区，这些城市或往往具备经济、自然资源等方面的初始禀赋，而在其他城市和地区，尚没有文化企业。此时，空间 Gini 系数会出现较高的水平，但其实并不能发映出产业空间集聚的本义。随着进入初期发展阶段，虽然文化产业发展规模还比较低，同时主要受政策引导的影响较大，各个地区往往是全面铺开，无论自然条件、经济水平、市场状况如何，都纷纷创建各种文化企业和文化产业园区，导致在这个阶段，文化产业空间 Gini 系数较低；而当文化产业发展到一定规模时，政策引导的影响力逐渐降低，创新人才集中、经济水平较高、文化资源充裕、基础设施完备、消费结构合理的地区，其区位优势开始发挥决定性作用，将大量文化企业吸引到这些地区，随着企业的集中，文化产业的空间集聚度上升，并形成对上下游产业的带动作用，同时提高了这些地区对周边地区的辐射效应；当文化产业进一步发展和扩张，超过当地市场承载能力时，当地劳动力、土地和资本等价格将会提高，道路、水电、网络等负荷增大，同时由于大量同类型的企业、园区的出现，导致竞争日益激烈，在这种情况下，部分企业将会撤离这些地区，文化产业空间 Gini 系数将会有所回落。

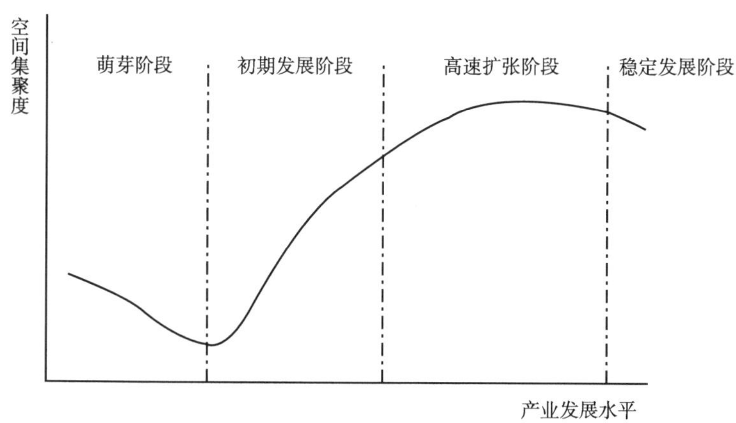

图 3－11　文化产业发展水平与空间集聚水平的倒“U”形关系

目前，中部、西部地区文化产业发展尚处在初期发展阶段，尽管在各级政府的鼓励和推动下，文化产业在各个地区全面发展，并取得一定的规模，但是，各地并未发挥出各自特定的区位优势，导致整体上发展水平不高，更没有形成产业的集聚区，所以空间 Gini 系数很低；东部地区虽然也还处在初期阶段，但整体规模、就业人口、产业结构等都远远超过中部、西部地区，某些地区比如北京、上海、江苏、广东等凭借其经济、地理、人才等方面的优势，逐渐将文化企业吸引过来，同时随着中关村 768 创意园、琉璃厂文化产业园区、石景山数字娱乐产业示范基地、长宁新十钢视觉文化艺术产业基地、浦东新区动漫谷文化产业基地、徐汇电子艺术创意产业基地、珠海市金嘉创意谷、广州星力动漫游戏产业园、深圳市2013文化创客谷等大量文化产业园区的建成的发展，有力地带动文化及相关产业在东部部分地区的集聚，因而空间 Gini 系数相对高于中部、西部地区。随着文化产业的进一步发展，相信无论是地区层面，还是国家层面，空间集聚的趋势将更强，空间 Gini 系数会持续上升，在初期发展和高速扩张阶段，这种变化趋势将一直持续。

三、省级层面的集聚水平及静态比较

考虑到不同集聚度指数的优劣，以下将分别采用空间 Gini 系数、区位熵 LQ 和赫芬达尔指数 HHI 对 2003—2015 年我国 31 个省市的文化产业集聚水平进行计算与对比（本研究未对我国香港特区、澳门特区和台湾省的情况进行研究）。

（一）空间 Gini 系数

采用空间 Gini 系数计算的 31 个省市文化产业集聚度见表 3－4。在省级层面，从绝对值上，各省市空间 Gini 系数较低，以 2015 年为例，最高的是北京（0.066），其次是上海（0.056）、湖南（0.054）、新疆（0.048）、贵州（0.045）、内蒙古（0.044）、江苏（0.041）等省市，同时并没有呈现出非常显著的东中西部的区域性差异。但是，从变化趋势上看，东中西部各省市空间 Gini 系数呈现出一定的区域性差异，即东部大部分省市包括北京、天津、河北、上海、江苏、广东等，空间 Gini 系数有明显的逐年上升的趋势；中部的吉林、黑龙江、安徽、江西、湖北、湖南等省，空间 Gini 系数呈现出逐年下降的特征；西部的重庆、四川、陕西、甘肃、云南、西藏、青海、宁夏和新疆等省市空间 Gini 系数也是不升反降。以江苏、江西和甘肃为例，从图 3－12 可以清楚地看出，三大经济区域文化产业空间 Gini 系数在 2003—2015 年的变动趋势。由于 2006 年文化部首次提出支持文化产业、2011 年中共十

表 3－4　　2003—2015 年我国省级层面文化产业 Gini 系数

年份	2003	2004	2005	2006	2007	2008	2009	2010	2011	2012	2013	2014	2015
北京	0. 030	0. 038	0. 040	0. 043	0. 046	0. 049	0. 051	0. 053	0. 057	0. 059	0. 060	0. 062	0. 066
天津	0. 010	0. 012	0. 016	0. 018	0. 020	0. 021	0. 022	0. 024	0. 029	0. 029	0. 030	0. 032	0. 040
河北	0. 019	0. 018	0. 018	0. 013	0. 014	0. 015	0. 016	0. 018	0. 022	0. 036	0. 033	0. 031	0. 031
山西	0. 007	0. 010	0. 024	0. 025	0. 023	0. 026	0. 037	0. 015	0. 018	0. 009	0. 014	0. 019	0. 016
内蒙	0. 044	0. 043	0. 047	0. 046	0. 042	0. 040	0. 157	0. 035	0. 038	0. 043	0. 055	0. 049	0. 044
辽宁	0. 024	0. 020	0. 020	0. 015	0. 146	0. 017	0. 024	0. 018	0. 018	0. 019	0. 017	0. 011	0. 008
吉林	0. 042	0. 034	0. 002	0. 025	0. 036	0. 016	0. 017	0. 016	0. 019	0. 029	0. 024	0. 022	0. 015
黑龙江	0. 039	0. 033	0. 042	0. 042	0. 010	0. 015	0. 017	0. 027	0. 026	0. 039	0. 024	0. 007	0. 012
上海	0. 016	0. 019	0. 019	0. 027	0. 030	0. 031	0. 034	0. 040	0. 045	0. 048	0. 050	0. 050	0. 056
江苏	0. 006	0. 014	0. 014	0. 015	0. 124	0. 017	0. 022	0. 008	0. 006	0. 027	0. 035	0. 041	0. 041
浙江	0. 014	0. 029	0. 027	0. 022	0. 024	0. 017	0. 015	0. 009	0. 010	0. 015	0. 011	0. 008	0. 008
安徽	0. 056	0. 038	0. 041	0. 034	0. 043	0. 037	0. 027	0. 061	0. 019	0. 019	0. 025	0. 012	0. 012
福建	0. 042	0. 064	0. 062	0. 068	0. 068	0. 085	0. 095	0. 080	0. 082	0. 044	0. 042	0. 032	0. 032
江西	0. 058	0. 051	0. 043	0. 056	0. 056	0. 033	0. 027	0. 006	0. 005	0. 004	0. 011	0. 010	0. 010
山东	0. 024	0. 021	0. 019	0. 018	0. 017	0. 013	0. 015	0. 018	0. 020	0. 018	0. 020	0. 020	0. 020
河南	0. 025	0. 031	0. 008	0. 037	0. 048	0. 042	0. 035	0. 031	0. 025	0. 020	0. 070	0. 026	0. 026

续表

年份	2003	2004	2005	2006	2007	2008	2009	2010	2011	2012	2013	2014	2015
湖北	0. 023	0. 032	0. 018	0. 016	0. 015	0. 009	0. 006	0. 011	0. 008	0. 011	0. 018	0. 016	0. 016
湖南	0. 066	0. 051	0. 056	0. 078	0. 070	0. 054	0. 048	0. 072	0. 066	0. 067	0. 065	0. 054	0. 054
广东	0. 023	0. 028	0. 028	0. 035	0. 031	0. 036	0. 032	0. 032	0. 021	0. 017	0. 039	0. 037	0. 037
广西	0. 030	0. 043	0. 038	0. 037	0. 032	0. 031	0. 028	0. 025	0. 023	0. 022	0. 032	0. 025	0. 025
海南	0. 002	0. 001	0. 000	0. 798	0. 000	0. 000	0. 002	0. 000	0. 001	0. 009	0. 001	0. 001	0. 001
重庆	0. 029	0. 022	0. 030	0. 020	0. 023	0. 036	0. 020	0. 020	0. 028	0. 018	0. 027	0. 022	0. 024
四川	0. 024	0. 017	0. 035	0. 017	0. 016	0. 145	0. 017	0. 017	0. 012	0. 008	0. 021	0. 019	0. 019
贵州	0. 005	0. 102	0. 074	0. 070	0. 050	0. 036	0. 063	0. 016	0. 027	0. 015	0. 023	0. 045	0. 045
云南	0. 057	0. 041	0. 024	0. 017	0. 020	0. 026	0. 026	0. 048	0. 044	0. 050	0. 035	0. 036	0. 036
西藏	0. 038	0. 024	0. 040	0. 029	0. 021	0. 031	0. 027	0. 027	0. 021	0. 025	0. 018	0. 010	0. 009
陕西	0. 018	0. 009	0. 007	0. 008	0. 006	0. 011	0. 023	0. 022	0. 019	0. 022	0. 007	0. 002	0. 002
甘肃	0. 072	0. 038	0. 018	0. 016	0. 014	0. 026	0. 024	0. 023	0. 024	0. 021	0. 099	0. 023	0. 023
青海	0. 038	0. 029	0. 020	0. 018	0. 020	0. 020	0. 019	0. 039	0. 038	0. 039	0. 028	0. 007	0. 009
宁夏	0. 037	0. 021	0. 012	0. 008	0. 009	0. 010	0. 002	0. 037	0. 034	0. 033	0. 014	0. 003	0. 003
新疆	0. 064	0. 072	0. 102	0. 104	0. 082	0. 117	0. 117	0. 109	0. 078	0. 074	0. 051	0. 048	0. 048

资料来源：根据历年《中国城市统计年鉴》《中国统计年鉴》计算而得到。

七届六中全会第一次将文化产业列为国民经济支柱性产业，江苏和甘肃的文化产业空间 Gini 系数分别在 2007 年和 2013 年出现了大幅度激增，这再次印证了政府政策对文化产业发展的影响。除去这两年的不常规变化，从 2003—2015 年，江西和甘肃的文化产业空间 Gini 系数在逐年下降；而江苏则逐年上升。这种明显的对比也证明了图 3－12 中关于文化产业集聚度与发展规模之间的关系，随着中部、西部地区进一步发展文化产业，其空间 Gini 系数终会止落回升。

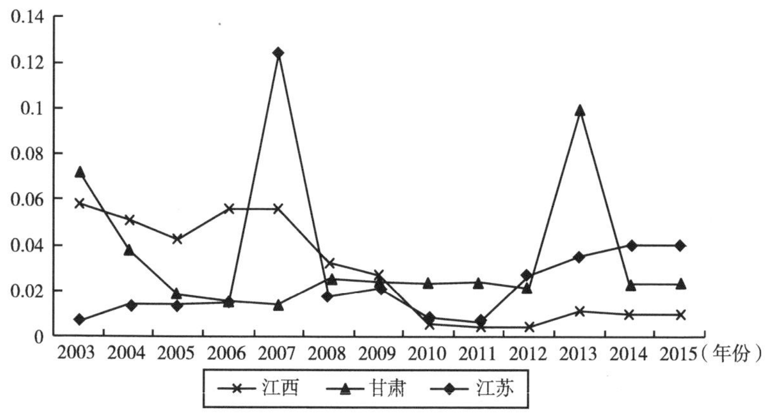

图 3－12　2003—2015 年江西、甘肃、江苏空间 Gini 系数变动趋势

资料来源：根据历年《中国城市统计年鉴》《中国统计年鉴》计算而得到。

（二）区位熵 LQ 系数

与空间 Gini 系数反映产业的空间格局不同，区位熵侧重于反映特定区域内产业的专门化水平，可在一定程度上反映出地区层面的产业集聚水平。从其经济含义上讲，LQ 系数描述的是相对于区域经济在全国的比重而言文化产业在区域内所有产业中的比重。LQ 系数越高，说明相对于该区域的相对经济总量而言，产业集聚水平越高。一般来说，当 $LQ_{ij}>1$ 时，表示相对于 i 地区经济总量在全国的比重而言，j 产业的集聚水平较高，具有优势；当 $LQ_{ij}<1$

时，表示相对于 i 地区经济总量在全国的比重而言，j 产业的集聚水平较高，具有劣势。表 3－5 反映的是我国 2005—2015 年各省市文化产业的区位熵系数，这 11 年间，省级层面的 LQ 系数呈现出一个非常明显的特征：中西部地区文化产业 LQ 系数普遍较高，而东部地区除了北京、上海外，普遍较低。这个结果说明：虽然东部地区文化产业总体规模、发展速度和空间集聚程度相对领先，但是相对于区域的经济总量而言，文化产业的发展不足；而西部地区文化产业无论是规模还是速度都相对落后，但是文化产业的发展相较于较低的经济总量而言反而更充分。按照 2015 年文化产业 LQ 取值的大小，将 31 个省市分为三个等级，见表 3－5。表 3－5 反映的是各省市文化产业集聚度相对于地区经济比重而言的大小对比，除北京外，东部地区的江苏、浙江、福建、山东、广东等文化产业强省，区位熵系数均低于 1，落后于大部分的中西部省市，这种结果出乎意外，但反映了一个基本事实：相对于本省的其他产业，文化产业在这些省份的发展尚且不足，落后于整体经济发展规模和比重。而中西部地区，尤其是西藏、新疆等文化产业相对落后的地区，由于本身的经济总体落后，相对而言，文化产业比起本地区其他产业反而具有一定优势（见表 3－6）。

（三）赫芬达尔指数 HHI

空间 Gini 系数通过计算文化产业占比对经济总量占比的偏差程度来反映产业的空间集聚程度，而赫芬达尔指数 HHI 只分析一个省（直辖市、自治区）下辖的市、区等的文化产业在全省（直辖市、自治区）所占的比重，以此来衡量文化产业在一省（直辖市、自治区）之内的地理集中情况。在一省（直辖市、自治区）之内，如果文化产业越集中于在少数城市、区，该省（直辖市、自治区）文化产业的 HHI 系数越高；如果文化产业分散于各个城市、区，该省（直辖市、自治区）文化产业的 HHI 系数越低。根据我国各省（直辖市、自治区）的行政规划，通过计算各省（直

表 3－5　2003—2015 年我国省级层面文化产业 LQ 系数

年份	2003	2004	2005	2006	2007	2008	2009	2010	2011	2012	2013	2014	2015
北京	1.524	1.821	2.460	1.409	2.533	2.499	2.486	2.426	2.542	2.653	2.969	2.888	2.805
天津	0.981	0.913	0.795	0.022	0.878	0.849	0.845	0.739	0.630	0.733	0.914	0.868	0.894
河北	0.912	0.872	0.866	0.157	0.894	0.897	0.913	0.931	0.968	0.941	0.993	1.005	1.023
山西	1.033	1.081	1.052	0.101	1.146	1.187	1.087	1.126	1.209	1.154	1.298	1.340	1.237
内蒙	1.097	1.144	1.144	0.037	1.280	1.334	0.918	1.265	1.336	1.395	1.411	1.497	1.399
辽宁	0.970	0.931	0.931	0.164	0.970	0.948	1.048	0.969	0.962	0.951	0.984	0.997	0.994
吉林	1.424	1.726	0.927	0.058	1.425	1.417	1.365	1.354	1.432	1.429	1.275	1.290	1.297
黑龙江	0.799	0.808	0.912	0.142	0.859	0.817	0.805	0.839	0.959	1.169	1.270	1.201	1.143
上海	1.234	1.241	0.993	0.141	1.146	1.113	1.154	1.248	1.096	1.026	1.159	1.127	1.060
江苏	0.785	0.746	0.704	0.206	0.713	0.734	0.752	0.677	0.709	0.825	0.627	0.608	0.599
浙江	1.016	0.915	0.771	0.160	0.759	0.672	0.709	0.714	0.705	0.706	0.813	0.830	0.830
安徽	1.072	0.910	0.915	0.076	0.982	0.984	0.897	1.244	1.032	1.122	1.015	0.805	1.093
福建	0.791	0.753	0.712	0.083	0.721	0.790	0.756	0.716	0.677	0.626	0.744	0.779	0.780
江西	0.927	0.889	0.904	0.070	1.083	1.097	1.066	0.914	0.880	0.825	0.802	0.838	0.962
山东	0.620	0.662	0.580	0.335	0.605	0.631	0.671	0.659	0.668	0.699	0.714	0.711	0.679
河南	0.898	0.841	0.770	0.262	0.970	0.986	0.962	0.912	0.907	0.924	0.983	0.857	0.845

续表

年份	2003	2004	2005	2006	2007	2008	2009	2010	2011	2012	2013	2014	2015
湖北	1.078	1.144	0.975	0.159	0.931	0.927	0.963	0.915	0.978	1.100	1.002	1.050	1.049
湖南	1.175	0.949	0.874	0.096	0.972	0.952	0.874	0.975	1.024	0.991	1.065	1.143	1.146
广东	0.787	0.781	0.802	0.486	0.833	0.845	0.830	0.782	0.785	0.809	0.677	0.735	0.715
广西	0.843	1.103	1.040	0.060	1.061	1.044	1.050	1.038	1.066	1.057	1.032	1.060	1.011
海南	2.128	2.103	2.181	0.002	2.197	2.358	2.704	2.303	1.990	1.754	1.815	1.772	1.133
重庆	0.693	0.651	0.736	0.025	0.952	0.946	0.943	0.967	0.915	0.607	0.723	0.750	0.764
四川	0.903	0.804	0.899	0.149	0.759	0.738	0.750	0.752	0.774	0.787	0.981	1.007	1.065
贵州	1.136	1.098	1.026	0.011	1.036	1.008	1.031	0.993	0.795	0.681	0.770	0.821	0.807
云南	1.508	1.438	1.340	0.026	1.163	1.020	1.107	1.046	1.054	0.980	0.964	1.015	0.951
西藏	n.a.	n.a.	n.a.	n.a.	3.874	3.822	3.855	n.a.	1.815	1.769	1.956	1.897	1.722
陕西	1.359	1.097	1.057	0.081	1.086	1.194	1.244	1.310	1.366	1.404	1.129	1.126	1.187
甘肃	1.530	1.273	1.297	0.029	1.164	1.306	1.355	1.370	1.463	1.381	1.317	1.256	1.187
青海	1.161	1.142	1.446	0.001	1.457	1.474	1.384	1.360	1.288	1.556	1.256	1.751	1.683
宁夏	1.086	0.738	1.312	0.003	1.488	1.450	1.539	1.199	1.297	1.249	1.439	1.360	1.711
新疆	1.509	1.380	1.327	0.003	1.494	1.408	1.576	1.782	1.609	1.715	1.844	1.877	1.762

资料来源：根据历年《中国城市统计年鉴》《中国统计年鉴》计算而得到。

辖市、自治区）下辖的市、区的文化产业就业人数占全省（直辖市、自治区）的比重的平方和，就可以得到各省（直辖市、自治区）文化产业的 HHI 系数，计算结果见表 3－7。

表 3－6　2015 年我国省级层面文化产业 LQ 系数分级

LQ 系数	含义	地区
$LQ \geq 1.5$	集聚度高； 相对于区域经济具备优势	北京
$1 \geq LQ > 1.5$	集聚度较高； 相对于区域经济具备一定优势	新疆、宁夏、青海、甘肃、陕西、西藏、四川、海南、广西、湖南、湖北、安徽、上海、黑龙江、吉林、内蒙古、山西、河北
$LQ < 1$	集聚度较低； 相对于区域经济具备一定劣势	辽宁、天津、山东、河南、江西、浙江、福建、江苏、广东、重庆、云南、贵州

资料来源：根据表 3－5 统计而得到。

表 3－7　2005—2015 年我国省级层面文化产业 HHI 系数

年份	2005	2006	2007	2008	2009	2010	2011	2012	2013	2014	2015
北京	0.201	0.219	0.268	0.284	0.339	0.341	0.355	0.358	0.363	0.365	0.401
天津	0.148	0.148	0.149	0.145	0.151	0.153	0.153	0.164	0.164	0.165	0.166
河北	0.142	0.131	0.130	0.133	0.132	0.126	0.126	0.142	0.138	0.138	0.142
山西	0.154	0.156	0.157	0.159	0.187	0.156	0.156	0.146	0.150	0.178	0.170
内蒙古	0.177	0.178	0.174	0.176	0.172	0.169	0.169	0.175	0.197	0.192	0.184
辽宁	0.161	0.150	0.147	0.149	0.144	0.164	0.164	0.165	0.180	0.164	0.162
吉林	0.303	0.308	0.335	0.284	0.287	0.294	0.294	0.339	0.341	0.341	0.317
黑龙江	0.193	0.191	0.181	0.207	0.217	0.239	0.239	0.286	0.250	0.197	0.216
上海	0.153	0.171	0.179	0.182	0.195	0.201	0.241	0.252	0.266	0.272	0.281
江苏	0.118	0.120	0.125	0.128	0.140	0.118	0.059	0.153	0.143	0.144	0.155

续表

年份	2005	2006	2007	2008	2009	2010	2011	2012	2013	2014	2015
浙江	0. 172	0. 170	0. 182	0. 178	0. 180	0. 165	0. 165	0. 179	0. 168	0. 152	0. 150
安徽	0. 118	0. 113	0. 132	0. 125	0. 126	0. 138	0. 138	0. 148	0. 140	0. 145	0. 165
福建	0. 217	0. 215	0. 212	0. 232	0. 237	0. 219	0. 219	0. 190	0. 202	0. 195	0. 208
江西	0. 141	0. 164	0. 176	0. 179	0. 193	0. 132	0. 132	0. 140	0. 173	0. 170	0. 240
山东	0. 110	0. 114	0. 119	0. 113	0. 117	0. 118	0. 118	0. 112	0. 113	0. 114	0. 117
河南	0. 091	0. 137	0. 156	0. 148	0. 137	0. 134	0. 134	0. 136	0. 216	0. 143	0. 130
湖北	0. 218	0. 229	0. 219	0. 194	0. 185	0. 185	0. 185	0. 163	0. 202	0. 186	0. 190
湖南	0. 203	0. 240	0. 228	0. 206	0. 207	0. 250	0. 250	0. 253	0. 247	0. 227	0. 204
广东	0. 187	0. 201	0. 197	0. 206	0. 198	0. 192	0. 192	0. 190	0. 178	0. 178	0. 195
广西	0. 190	0. 190	0. 189	0. 186	0. 186	0. 183	0. 183	0. 179	0. 194	0. 185	0. 204
海南	0. 692	0. 798	0. 722	0. 741	0. 779	0. 725	0. 725	0. 631	0. 720	0. 711	0. 512
重庆	0. 174	0. 180	0. 189	0. 193	0. 201	0. 298	0. 301	0. 352	0. 379	0. 397	0. 400
四川	0. 188	0. 193	0. 194	0. 191	0. 212	0. 221	0. 221	0. 207	0. 452	0. 260	0. 461
贵州	0. 000	0. 550	0. 533	0. 524	0. 580	0. 343	0. 359	0. 301	0. 356	0. 344	0. 349
云南	0. 329	0. 312	0. 299	0. 386	0. 373	0. 438	0. 438	0. 413	0. 382	0. 343	0. 342
西藏	0. 327	0. 330	0. 329	0. 331	0. 301	0. 296	0. 285	0. 295	0. 201	0. 265	0. 298
陕西	0. 226	0. 241	0. 231	0. 263	0. 311	0. 312	0. 312	0. 334	0. 268	0. 230	0. 247
甘肃	0. 190	0. 219	0. 214	0. 229	0. 225	0. 209	0. 209	0. 206	0. 211	0. 208	0. 203
青海	0. 697	0. 663	0. 703	0. 713	0. 752	0. 703	0. 781	0. 783	0. 781	0. 791	0. 780
宁夏	0. 405	0. 347	0. 381	0. 393	0. 369	0. 480	0. 480	0. 473	0. 413	0. 577	0. 567
新疆	0. 978	0. 959	0. 904	0. 958	0. 980	0. 967	0. 967	0. 924	0. 927	0. 927	0. 907

从表 3 –7 可以看出，省级层面的 HHI 系数有着明显的区域性差异：西部地区的新疆、青海、宁夏、四川、重庆等省市 HHI 一直较高；东部地区除了北京和海南外，各省市 HHI 都比较低；中部地区 HHI 整体都很低。作为新兴产业，文化产业在我国的蓬勃发展是近十几年来的现象，各省市起点相近，但由于总体经济规模

的区域性差异远远大于文化产业发展的区域性差异，导致了尽管东部地区凭借其优越的地理、经济等条件，文化产业的绝对规模高于西部、中部地区，但是从文化产业在地区经济的比重来说，西部地区则因为文化产业相对于整体经济的快速增长而出现 HHI 较高的特点。从变化趋势来看，2005—2015 年，东部、中部和西部地区的平均 HHI 水平变动不明显，呈现出缓慢爬升的趋势，具体见图 3－13。但是北京、重庆、四川和贵州这 4 个省市 11 年间 HHI 的增长非常迅速，显示文化产业相对于其区域经济整体而言发展很快；而新疆、西藏等地 HHI 则略有下降，这可能与当地经济的整体发展有关。

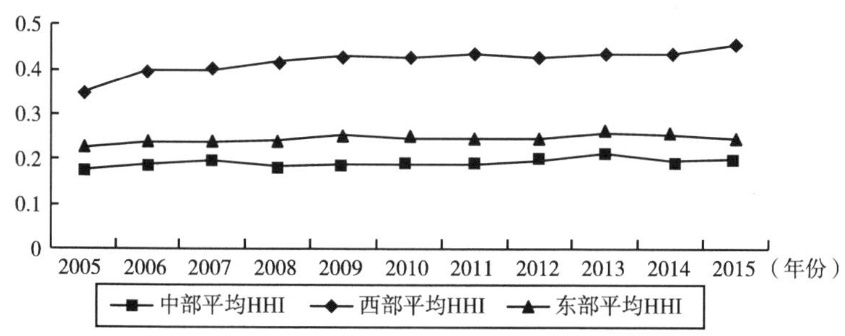

图 3－13　2005—2015 年东、中、西部省市平均 HHI 及变动

四、产业层面的集聚水平及静态比较

由于新旧概念的界定差异，导致缺乏 2003—2015 年文化产业各个行业连贯性数据，所以比较困难从行业层面来描述和对比集聚水平。借鉴张变玲（2014）等，本书采用赫芬达尔指数 HHI，计算了 8 个行业（即电视节目制作、广播节目制作、录音制品出版、录像制品出版、图书出版业、广告业、艺术表演团体、群众文化业）在 2005—2015 年的集聚水平。这些行业的划分是根据 2004 年版本的标准来进行的，尽管与国家统计局 2012 年的界定有所差异，但基本上囊括了2012年标准下文化产业的主要行业。8个行业的就业数据主要来源于《中国文化文物统计年鉴》《中国图书年鉴》《中国印刷年鉴》《中国新闻年鉴》《中国广告年鉴》《中国出版年鉴》和《中国城市统计年鉴》。计算的结果详见表3-8。

表3-8　2003—2015年我国文化产业各行业赫芬达尔指数

年份	2003	2004	2005	2006	2007	2008	2009
图书出版业	0.045	0.045	0.0463	0.0474	0.0487	0.0471	0.0467
广告业	0.031	0.025	0.025	0.1053	0.1090	0.1033	0.104
广播节目制作	0.009	0.011	0.011	0.0478	0.0480	0.0480	0.0481
电视节目制作	0.080	0.010	0.011	0.044	0.042	0.042	0.042
录音制品出版	0.178	0.188	0.1938	0.2251	0.1605	0.1312	0.1084
录像制品出版	0.201	0.245	0.2518	0.3394	0.2661	0.1666	0.1119
艺术表演团体	0.049	0.058	0.0600	0.0539	0.0838	0.1523	0.1079
群众文化业	0.042	0.046	0.0474	0.0480	0.0526	0.0460	0.0440
年份	2010	2011	2012	2013	2014	2015	均值
图书出版业	0.0476	0.049	0.046	0.050	0.048	0.055	0.047822
广告业	0.1061	0.109	0.116	0.120	0.124	0.125	0.092503
广播节目制作	0.0476	0.056	0.061	0.066	0.074	0.079	0.046702
电视节目制作	0.043	0.052	0.056	0.054	0.060	0.069	0.200252
录音制品出版	0.1608	0.172	0.180	0.179	0.199	0.201	0.175167
录像制品出版	0.2781	0.285	0.289	0.311	0.346	0.385	0.267358
艺术表演团体	0.1226	0.143	0.148	0.153	0.160	0.168	0.112294
群众文化业	0.0440	0.045	0.047	0.051	0.055	0.061	0.048417

在选取的8个行业中，从HHI系数的绝对值来看，录像制品出版行业最高，2005年，HHI系数为0.2518，2015年增至0.385；其次依次为录音制品出版、艺术表演团体和广告业，2015年，这三个行业HHI值分别为0.174、0.1230和0.1043。图书出版业、广播节目制作行业、电视节目制作行业和群众艺术业的HHI相对

较低。图 3 - 14 反映了 8 个行业 HHI 值的变化趋势看，录像制品出版、录音制品出版、艺术表演团体等 4 个行业都经历了先上升，后再下降，并在 2009 年降至最低值后，有快速上升的变化；广告业、电视节目制作、图书出版业、群众文化业等 4 个行业则经历 2006 年的快速增长后，几乎都保持在相对低位数的水平，变化不大。

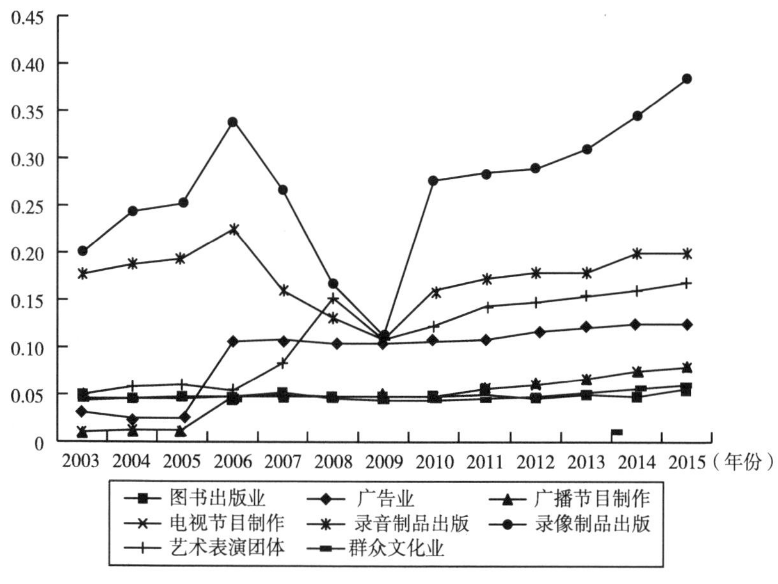

图 3 - 14　2003—2015 年文化产业各行业 HHI 及其变化

第四节　本章小结

本章采用三次全国经济普查数据、2005—2015 年《中国文化及相关产业统计年鉴》《中国文化文物统计年鉴》《中国城市统计年鉴》和《中国统计年鉴》关于 31 个省市文化产业的数据，对我国文化产业及其集聚式发展进行了数据统计和描述，得出如下基本结论：

（1）我国文化产业在过去十几年的时间内发展迅速，无论是总产值、就业人数、对外贸易总规模，还是在全球文化产业中的占比都显著提高。但是文化产业发展呈现出明显的区域性差异，即东部沿海地区比较发达，中部、东北地区次之，而西部地区较落后，总体上呈现出自东向西逐渐递减的梯度格局。

（2）从国家层面来看，基于文化产业就业人数计算的空间 Gini 系数显示，2003—2015 年，我国文化产业的空间集聚水平比较低，这表明虽然文化产业发展的速度快、规模大，但是在空间上呈现出比较分散的格局。从变化趋势上看，空间 Gini 系数呈现出逐渐上升的趋势，这意味着我国文化产业空间集聚水平在缓慢提高，尤其是 2012 年以后，集聚水平呈现出增速增长。随着文化产业的发展，市场的作用逐渐凸显，北京、上海、内蒙古等地区充分发挥地区经济、资源禀赋、地理位置等优势，发展各地特色性的文化产业，并形成文化艺术、数字娱乐、影视传媒、文化旅游等为主的文化产业圈，吸引大量文化企业汇集在一起，因此较大程度上提高了这些地区文化产业的地理集聚水平。三大经济区域空间 Gini 系数显示，东部地区文化产业空间集聚水平远远高于中部和西部，且东部地区空间 Gini 系数的绝对值与变动趋势基本上决定了全国文化产业空间 Gini 系数的绝对值与变动趋势。

（3）从省级层面来看，无论是 Gini 系数、区位熵 LQ 还是赫芬达尔指数 HHI 显示，各省市之间存在着较大的差距。各省市空间 Gini 的绝对值都较低，但东部地区远远高于中部和西部。从空间 Gini 的变化趋势上看，东部大部分省市包括北京、天津、河北、上海、江苏、广东等，空间 Gini 系数有明显的逐年上升的趋势；中部的吉林、黑龙江、安徽、江西、湖北、湖南等省，空间 Gini 系数呈现出逐年下降的特征；西部的重庆、四川、云南、陕西、甘肃、青海、宁夏、西藏和新疆等省市空间 Gini 系数也是不升反降。文化产业区位熵 LQ 系数显示，2005—2015 年，除北京外，东部地区的江苏、浙江、福建、山东、广东等文化产业强省，区位熵系数均低于 1，落后于大部分的中西部省市。省级层面的 HHI 系数也呈现出明显的区域性差异：西部地区的新疆、青海、宁夏、四川、重庆等省市 HHI 一直较高；东部地区除了北京和海南外，各省市 HHI 都比较低；中部地区 HHI 整体都很低。从 HHI 的变化趋势来看，2005—2015 年，东部、中部和西部地区的平均 HHI 水平变动不明显，呈现出缓慢爬升的趋势，但是北京、重庆、四川和贵州这 4 个省市 11 年间 HHI 的增长非常迅速，显示文化产业相对于其区域经济整体而言发展很快；而新疆、西藏等地 HHI 则略有下降，这可能与当地经济的整体发展有关。

（4）各行业的赫芬达尔指数 HHI 显示，电视节目制作、广播节目制作、录音制品出版、录像制品出版、图书出版业、广告业、群众文化业、艺术表演团体等 8 个行业在 2005—2015 年的集聚水平有着较小的行业性差异：录像制品出版行业 HHI 最高；其次依次为录音制品出版、艺术表演团体和广告业；图书出版业、广播节目制作行业、电视节目制作行业和群众艺术业的 HHI 相对较低。从行业 HHI 值的变化趋势看，录像制品出版、录音制品出版、艺术表演团体等 4 个行业都经历了先上升，后再下降，并在 2009 年降至最低值后，有快速上升的变化；广告业、电视节目制作、图书出版业、群众文化业等 4 个行业则经历 2006 年的快速增长后，几乎都保持在相对低位数的水平，变化不大。

我国文化产业集聚的影响因素分析

第一节　文化产业集聚的理论解释

一、集聚的理论基础

（一）比较优势理论

地区专业化生产并由此形成的集聚，通常是建立在比较优势的基础之上。早在古典政治经济学时期，在《国民财富的性质和原因的研究》（1776）中，Smith 提出了绝对优势的思想，认为当地区间存在绝对生产成本差异时，应该进行专业化分工，即每个地区集中生产具备绝对生产成本优势的产品。绝对优势理论应该是最早的从分工协作的角度探讨集中生产的思想。随后，沿袭分工和专业生产的观点，Ricardo（1817）在《政治经济学与赋税原理》中，又提出了适用范围更为宽广的比较优势理论。认为只要存在比较成本的差异，地区间就可以进行分工和专业化生产，以此提高生产效率。Heckscher & Ohlin（1936）从生产要素的角度，对 Ricardo（1817）的比较优势思想进行了深入研究和发展，并提出了资源禀赋理论（H－O 理论），认为比较成本取决于地区的相对要素充裕度和产品的相对要素密集度，地区间存在着资源禀赋差异、产品间存在要素密集度差异时，就有进行专业化分工和集中生产的基础，即劳动力资源相对充裕的地区，应该集中生产劳动力密集型的产品；资本要素相对丰富的地区，则应该集中生产资本密集型的产品。在要素禀赋理论的框架下，产业集聚主要受到地区自然资源、土地、劳动力、资本等生产要素相对数量与比例的影响。

Ricardo（1817）代表的古典比较优势理论和 Heckscher & Ohlin（1936）代表的新古典比较优势理论，分别从外生技术差异和外生资源禀赋差异的角度说明比较成本优势对产业集聚的影响。后来很多实证研究都基于比较优势理论，同时探讨要素禀赋及生产率对产业区位分布的影响。如 Harrigan（1997）在希克斯技术中性条件下，建立特定产业的超对数收益函数：

$$s_i^k = \sum_{h=1}^{k} a_{kh}\ln\theta_i^h + \sum_{f=1}^{F} r_{kf}\ln v_i^f + \varepsilon_i^k$$

其中，k 代表产业 h 中产品种类（$k=1, 2, \cdots, K$），f 代表要素种类（$f=1, 2, \cdots, F$），s_i^k 代表产品 k 的增加值占 i 地区 GDP 的比重，a_{kh} 代表 i 地区产业 h 的相对生产率水平，r_{kf} 代表 i 地区 f 要素的禀赋。通过估算 a_{kh} 和 r_{kf} 就可以知道生产率水平和要素禀赋对产业集中生产的影响。Harrigan（1997）运用 OECD 国家的面板数据估算了 a_{kh} 和 r_{kf}，证实生产率水平和要素禀赋对特定产业集聚的影响。类似地，Ellison & Glaeser（1999）在要素禀赋理论的基础上建立产业区位选择模型，将产业集聚看成是特定生产率和要素约束下利润最大化的结果。在他们的模型中，产品 k 的增加值占 i 地区 GDP 的预期比重 $E(s_i^k)$ 是 $\sum_{f=1}^{F}\beta_f\gamma_{kf}p_i^f$ 的函数，其中，p_i^f 是 i 地区要素 f 的价格，γ_{kf} 是产品 k 生产过程中要素 f 的密集程度。通过估算 β_f，就能得出要素禀赋和要素密集度对产业集中程度的影响。

为了避免比较优势理论忽略需求和中间投入品的不足，Medelfart - Knarvik et al.（2000）在 Ellison & Glaeser（1999）模型的基础上，在同样考虑要素禀赋的同时，引入最终需求效应、中间投入品的需求一成本效应，在规模报酬不变和完全竞争的假设前提下，建立了由主要投入要素和中间投入品决定的生产函数，认为 s_i^k 是 $\sum_{f=1}^{F}\beta_f y_{kf} p_i^f + \sum_{h=1}^{K}\beta_h y_{kh} mp_i^h$ 的函数，其中，mp_i^h 是 i 地区 h 产业的市场需求，p_i^f 是 i 地区要素 f 的价格，y_{kf} 是产品 k 生产过程中要素 f 的密集程度。通过估算 β_f 和 β_h，既能得出要素禀赋和要素密集度对产业集中程度的影响，同时也能衡量中间投入品价格变化以及需求变化对产出比例的影响。Medelfart - Knarvik et al.（2002）运用 14 个欧盟国家 33 个制造业在 3 个时间段（1970—1973 年，1980—1983 年，1994—1997 年）的数据，对模型进行了验证，发现影响产业中产品产出比例的效应既包括要素禀赋效应（农业、低/中技术禀赋和高技术禀赋），也包括经济地理效应（中间投入品的成本联系、最终需求与运输成本的相互作用和中间投入品的需求链）。

由于传统比较优势理论在解释产业的空间集中现象的时候，做出了严苛的假设前提，即完全竞争、完全静态和规模报酬不变，同时在分析的过程中，缺乏一定的系统性和连贯性，因此该理论只能对产业集聚的形成进行初步的探讨，无法将研究深入下去。考虑到来自特定产业层次的马歇尔外部性、区域层次的城市化外部性、来自公司层次的规模报酬递增，外部经济理论、新经济地理理论和新竞争理论都从新的角度探寻了产业集聚的原因。

（二）外部规模经济理论

Marshall（1890）在研究英国谢菲尔德的刀具厂和北安普顿的服装厂时，发现了无法用自然资源来解释的产业的地理集中现象，为了解释同一产业内不同企业在特定空间的集中生产，他提出外部规模经济的概念，在沿袭劳动专业化思想的同时，从外部规模经济的角度解释产业在地理上的集聚现象。他认为，在其他条件相同的情况下，随着同一产业中越来越多的企业集聚在特定地区，会吸引该产业生产所需的劳动力、资本、能源、运输、人才等生产要素源源不断地向该地区集中，这会有效降低整个产业的平均成本，从而获得规模报酬递增。正是从这个角度，在考察产业集聚的根源时，Marshall（1890）分析了来自企业、生产要素和中间投入品、供应商等在某一空间区域内相互联系带来的规模经济和范围经济。Krugman（1991）将其归类为产业集聚形成的专门的供应商、劳动力市场共享和技术溢出。外部规模经济对企业的地理集中具有强大的吸引力，这是因为：

（1）产业地理集中可以促进专业化供应商队伍的形成。很多产业发展过程中，产品的生产和服务都离不开专门的设备和配套服务，尤其是随着生产和服务专业化水平的提高，产业发展对专门的供应商的需求越高，而大量的企业集中在一起，既可以提供维持专业化供应商生存的市场，又可以让企业、供应商集中精力于他们各自效率较高的专业分工。因此，当某地区形成完备、密集的专业化供应商网络时，该地区集聚的企业就拥有更大的优势，从而进一步强化产业的地理集中。

（2）产业地理集中可以促进劳动力市场共享。一些产业生产和服务过程中，需要拥有高度专业化技术的劳动力。企业的地理集中可以吸引大量专业化人才，并为整个产业提供一个稳定的人才市场，即所谓的“劳动力蓄水池”。共享的劳动力市场不但可以让企业更快、更有效地雇用所需的劳动力（Helsley & Strange，1990），同时也保证了劳动力可以进行更精细的分工，从而掌握更高专业化水平的技术和技能，提高劳动力的生产效率（Baumgardner，1988；Becker & Murphy，1992；Duranton，1998）。Krugman（1991）、Overman & Puga（2010）等通过数学模型证明了劳动力市场共享与产业集中之间相互促进的关系。

（3）产业地理集中可以促进知识和技术外溢。同一产业或者相关产业集中在相同的区域，知识、技术的正式扩散和非正式扩散都比较容易、快捷。很多研究都从理论和实证两个方面证实了产业集聚带来的知识外溢，Audretsch & Feldman（1996）等认为高新技术产业的地理集聚带来的技术外溢效应越大；Gorg（2004）则认为R&D投入越多的产业，其地理集聚更能推动知识的溢出；Almeida & Kogut（1999）等研究表明随着地理距离的扩大，产业集聚的技术溢出效应将逐渐衰减。

外部经济理论从外部规模经济的角度解释产业在空间中的集聚现象，为相关研究提供了参考和借鉴，但是该理论没有建立起因果关系模型，尤其是不能说明集聚的初始原因，而将其归因于历史的、偶然的因素，这成为后续研究的主题。

（三）新竞争优势理论

以波特（Porter）为代表的新竞争优势理论从企业竞争优势的角度解释产业的空间集聚。1990年，波特（Porter）在其著作《国家竞争优势》中，通过研究德国、法国、英国、日本、美国等国家的产业聚集现象，提出了一个重要的概念，即产业群（Industrial Clusters），并根据影响产业群的因素，建立了应用极广泛的“钻石（Diamond）”模型，见图4－1，从企业获取竞争优势的角度对产业集聚及产业集群进行了理论分析。在“钻石”模型中，波特将专业化生产和分工的分析重点放在企业上，并从要素条件、需求状况、相关及支持性产业以及企业的竞争战略、机会和政府政策等六个方面来探讨企业获取经济优势，进而形成产业聚集的原因。Porter（1990）认为企业要具备国际竞争力，就必须具备六个方面的条件：高质量的生产要素投入；较充足的市场需求；相关和支持产业；企业战略、结构和同业竞争；较好的机会和政府的支持。产业集群能够从基础设施、信息交流、人才流动等方面为企业提供便利，同时还可以兼顾机会和政府政策两个方面。当溢出效应对产业发展起到决定性的作用时，行业内企业的地理分布应该更加集中，产业的空间聚集现象也会必然发生。

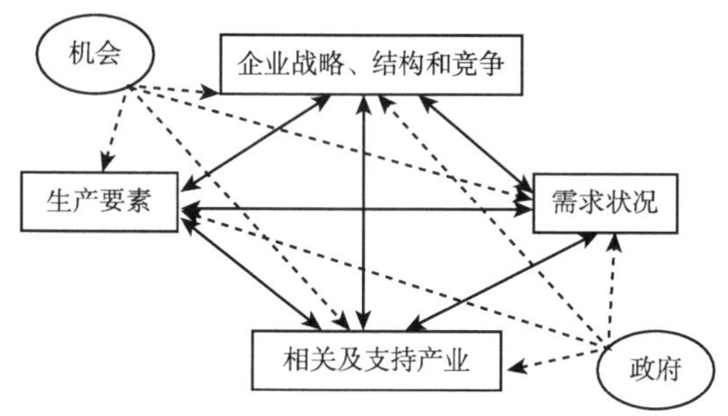

图 4-1　波特的“钻石”模型

（四）新经济地理学规模报酬递增理论

20 世纪 90 年代，随着经济全球化和区域一体化的纵深发展，主流经济学在解释国际专业分工和贸易时遇到很多问题，以克鲁格曼（Krugman）、莫瑞（Mori）、维纳布尔斯（Venables）、瓦尔兹（Walz）和藤田（Fujita）等为代表的经济学家重新回归经济地理学的角度，分析经济活动的空间集聚及全球化现象，由此开创了新经济地理学。新经济地理学以规模收益递增、不完全竞争和路径依赖为假设前提，分析在规模报酬递增、“冰山”运输成本和人口流动三个方面因素共同作用的情况下，产业在空间分布上集中或分散的状况。

克鲁格曼（Krugman）在其著作《地理和贸易》（1991）和《发展、地理和经济理论》（1995）中，以新增长理论和新贸易理论的报酬递增为假设前提，以 CES 不变替代弹性效应函数和 D-垄断竞争模型为分析框架，建立了“中心—外围”模型（Core—Periphmy）以分析产业的地理集聚现象。“中心—外围”模型将经济分为具备规模报酬递增、不完全竞争特征的制造业和规模报酬不变、完全竞争的农业。其中，农民专门从事农产品的生产，其分布是均匀的，且不能自由流动；工人专门从事制造品的生产，在地区间可以自由流动，通过引入工人追求较高的实际工资在地区间自由流动的机制，求解规模经济和运输成本共同影响的企业利润最大化问题，得到产业聚集出现的条件：即当一个地区存在规模经济和较高的实际工资，且运输成本适中时，越来越多的工人将会向该地区聚集，由于规模报酬递增的影响，越来越多的制造业企业也会集中于该地区，从而打破了以前均匀分布的空间格局，形成中心－外围的经济空间结构。

通过引入规模报酬递增、人口流动和运输成本，对制造业的空间集聚进行了很好的解释。认为规模报酬递增通过吸引生产要素、经济活动不断地向特定地区集中，进而形成产业的空间集聚，因此，集聚是考虑人口流动、“冰山”运输成本的情形下的外在表现形式。在继承和发展马歇尔思想的基础上，新经济地理学理论强调外部性对产业集聚的影响，其理论的解释能力进一步增强。

二、文化产业集聚的影响因素及影响路径

根据比较优势理论、规模经济理论、新竞争优势理论和新经济地理理论关于产业集聚影响因素的分析，再结合文化产业文化性、外部性的产业特点，本书拟从地方化经济、城市化经济和政府行为三个方面对文化产业集聚的原因进行说明。其中，地方化经济强调的是导致文化及相关产业在某一地区集聚的要素，包括劳动力、资本、文化资源等；城市化经济侧重于城市基础设施和公共服务业的共享效率，包括相关产业、市场需求、社会包容度和基础设施等；政府支持包括财政和政策支持，在我国文化产业发展的初期阶段，政府的鼓励、引导与支持非常重要。地方化经济、城市化经济和政府行为影响文化产业集聚的机制如图 4－2 所示。

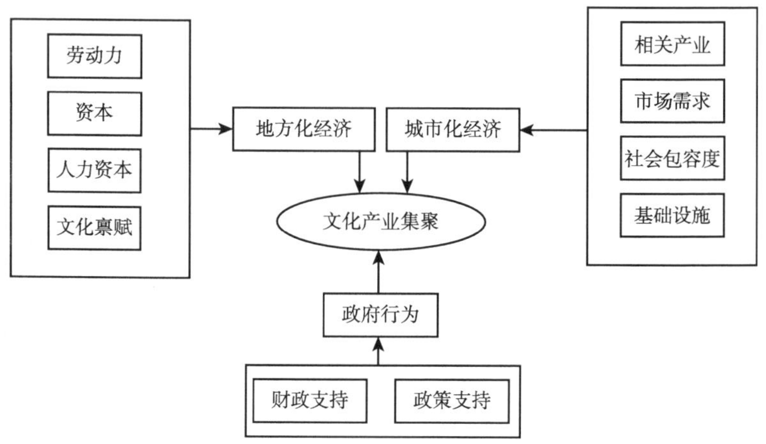

图 4-2　各因素影响文化产业集聚的机制

第二节　模型的构建与指标的选取

一、模型构建

文化产业集聚是众多要素共同影响的结果，由传统要素（劳动力、资本、人力资本）和文化要素决定的地方化经济，由产业、市场、社会环境决定的城市化经济以及包括财政支出和政策支持的政府行为，都是文化产业空间格局由分散逐渐走向集聚的推动力。根据前面的理论基础及影响机制分析，构建如下文化产业影响因素的计量模型：

$$agglo = \alpha + \beta_1 local + \beta_2 urban + \beta_3 govern + \varepsilon$$

在实证分析中，为了变量的趋势平稳，同时考虑到各个变量单位不同而造成的不可比性，采用对数化处理对模型的各个变量进行了调整，调整后模型如下：

$$agglo = \alpha + \beta_1 \ln local + \beta_2 \ln urban + \beta_3 \ln govern + \varepsilon$$

其中，*agglo* 表示文化产业集聚水平；*local* 表示地方化经济，包括第三产业就业人数比重、固定资产投资、公共图书馆个数、每十万人高等学校在校学生数；*urban* 表示城市化经济，包括 1/HHI、软件业务收入、金融机构贷款额、国际旅游业总收入、外来人口规模、FDI/总人口、居民人均可支配收入、城镇居民人均教育文化娱乐支出、年末道路长度、互联网用户数；*govern* 表示政府行为，包括地方财政文化与体育传媒支出、各地产业园区个数。α 和 ε 分别指的是常数项和其他干扰项。

二、指标的选取

由于空间基尼系数 Gini、区位熵 LQ、赫芬达尔指数 HHI 分别从不同的角度反映文化产业的集聚水平，因此，本书会分别采用这三个指标来描述全国 31 个省市文化产业的集聚水平。而影响文化产业集聚的因素则包括 3 大类 15 个指标。具体指标名称及数据来源见表 4－1。

（1）第三产业就业人数比重（*struc*）：用第三产业就业人数占总就业的比重表示。该指标反映了地方经济中服务业发展程度及服务业劳动力的供给状况。第三产业就业人数比重越高，反映地区服务业发展越高，同时能够提供大量服务业劳动力，这些都会吸引文化产业集聚。

（2）固定资产投资（*invest*）：用地区每年固定资产投资规模表示。固定资产投资规模越大，表示地区资本越充裕，能够为文化产业的发展提供足够的资金支持。

（3）公共图书馆数量（*lib*）：各地公共图书馆的数量可以反映反映该地区文化资源禀赋。作为公共文化服务体系的重要组成部分，公共图书馆的建设体现了一个地区在保存历史文化遗产、传播公共知识和信息、开发智力资源等方面的能力，公共图书馆的数量

表 4-1 指标的选取及说明

变量类型		变量名称	具体指标	数据来源
因变量		文化产业集聚水平	①空间基尼系数（*Gini*） ②区位熵（*LQ*） ③赫芬达尔指数（*HHI*）	《中国城市统计年鉴》 三次经济普查数据 《文化及相关产业统计年鉴》
自变量	地方化经济	劳动力资源	第三产业就业人数比重（*struc*）	《中国城市统计年鉴》
		资本资源	固定资产投资（*invest*）	《中国统计年鉴》
		文化资源	公共图书馆个数（*lib*）	《中国统计年鉴》 《文化文物统计年鉴》
		人力资本	每十万人高等学校在校学生数（*human*）	《中国统计年鉴》
	城市化经济	相关产业	①软件业务收入（*software*） ②金融机构贷款额（*finance*） ③国际旅游业总收入（*tour*）	《中国城市统计年鉴》 《中国统计年鉴》
		社会包容度	①外来人口规模（*people*） ②FDI/总人口（*FDIPC*）	《中国人口统计年鉴》） 《中国城市统计年鉴》
		市场需求	①居民人均可支配收入（*income*） ②城镇居民人均教育文化娱乐支出（*spend*）	《中国统计年鉴》
		基础设施	①年末道路长度（公里）（*road*） ②互联网用户数（*net*）	《中国统计年鉴》 《新中国六十年统计资料汇编》
	政府行为	财政投入	地方财政文化与体育传媒支出（*expend*）	《中国统计年鉴》
		政策支持	各地产业园区个数（*park*）	中国文化产业网

是地区文化资源禀赋的集中体现，数量越多，越能为文化产业集聚提供物质文化、精神文化资源支持。Lazzeretti et al.（2008，2009）在关于创意产业研究中，也把历史文化资源纳入地方化经济的分析框架①。

（4）人力资本（*human*）：用每十万人高等学校在校学生数表示。Florida（2008）等在分析创意产业集聚时，强调创意阶级的作用②。限于数据可得性的约束，本书借鉴 Heckman（2005）等的处理做法，以高等学校在校学生的人数作为人力资本的代理变量。一般认为人力资本较高的地方，文化产业集聚的程度也会越高。

（5）相关产业（*related*）：用软件业务收入（*soft*）、金融机构贷款额（*fina*）和国际旅游业总收入（*tour*）表示。从国家统计局 2012 年关于文化及相关产业的界定就可以看出，文化产业是包括传统制造业、服务业部分在内的综合性产业，其发展离不开相关产业支持。本书分别用互联网用户数、金融机构贷款额和国际旅游业总收入来反映对文化产业发展至关重要的信息产业、金融业和服务业的发展状况，这些产业越发达，越有利于文化产业的空间集聚。

（6）社会包容度（*inclu*）：用外来人口规模（*people*）和人均 FDI（*FDIPC*）来表示。与其他产业不同的是，文化产业具有非常显著的文化性、群体性和社会性，发展过程中对人文环境有着更高的要求，在一个更加开放、包容的地区，文化产业发展会更快，也更能吸引文化企业的集聚③。社会的包容性不但体现在对外来资本

---

① Lazaeretti, L., Boix, R. and Capone, F. Why Do Creative Industries Cluster? An Analysis of the Determinants of Clustering of Creative Industries. IERMB Working Paper No. 0902, 2009. 57.

② Florida, R. L. Who's Your City? How the Creative Economy is Making? Where to Live? —— the Most Important Decision of Your Life, Toronto, Vintage Canada, 2009.

③ Florida, R. L. Cities and the Creative Class. City & Community, 2003, 2 (1): 3-19.

的吸纳能力，还包括对外来人员的接纳能力，人均 FDI 和外来人口规模从某种程度上反映了这两种能力。

（7）市场需求（*demand*）：用居民人均可支配收入（*income*）和城镇居民人均教育文化娱乐支出（*spend*）表示。不同于基本生活消费，人们在文化娱乐、体育健身、旅游观光、教育等方面的消费主要是来满足精神需求的一种消费，更大程度上受到收入水平和消费结构的影响，一般而言，可支配收入越高、对教育文化娱乐的支出越多，越能推动文化产业的集聚式发展。

（8）基础设施（*infra*）：用年末道路长度（*road*）、互联网用户数（*net*）表示。一个地区的基础设施包括水、电、道路交通、通信、网络等方面，完备的基础设施为文化及相关产业的发展提供了良好的硬件条件。

（9）政府行为（*govern*）：用地方财政文化与体育传媒支出（*expend*）表示政府的财政投入，用各地文化产业园区个数（park）表示政府的政策引导。不同于其他产业，文化产业的物质和精神的双重属性，其发展具有很大的正外部性，导致了文化产业在市场化发展的同时，需要政府对文化资源的配置和利用进行一定的管理和调控，同时通过金融、税收和财政支出等政策方面的扶持和倾斜，鼓励和推动其发展。本书分别采用各级政府对文化与体育传媒的财政支出和文化产业园区的数量来代表政府对文化产业的政策和财政支持。

三、数据来源与统计性描述

本书主要数据来自《中国统计年鉴》《中国城市统计年鉴》《中国文化及相关产业统计年鉴》《中国文物统计年鉴》和国家统计局三次经济普查数据和测算数据，时间跨度为 2005—2015 年。主要变量的描述性统计情况具体见表 4－2。

表 4－2　　　　　主要变量的描述性统计情况

变量	定义	单位	观察值	均值	方差	最小值	最大值
Gini	空间基尼系数	—	341	0.0331	0.0480	0.0002	0.7983
LQ	区位熵	—	341	1.0876	0.6145	0.0005	3.8801
HHI	赫芬达尔指数	—	341	0.2784	0.1962	0	0.9804
struc	第三产业就业人数比重	%	331	53.4974	10.2625	0	83.99
invest	固定资产投资	—	341	8.5216	1.1082	5.1584	10.6572
lib	公共图书馆数量	—	340	4.3362	0.7707	1.0986	5.3132
human	人力资本	—	341	3.0367	1.1726	-1.5079	4.6830
soft	软件业务收入	—	320	14.0001	2.0492	7.8938	18.0789
finan	金融机构贷款额	—	335	18.3695	1.1741	14.1905	20.6734
tour	国际旅游业总收入	—	341	6.3476	1.7201	0.69310	9.7917
people	外来人口规模	—	341	4.6047	1.7194	-0.4222	7.5797
FDIPC	人均 FDI	—	341	4.2114	1.5524	-1.2459	7.6295
income	居民人均可支配收入	—	341	4.3821	0.0472	3.9100	4.6900
spend	城镇居民人均教育文化娱乐支出	—	341	7.2767	0.43870	5.8843	8.3241
road	年末道路长度	—	341	8.7549	7.9880	5.7462	10.6660
net	互联网用户数	—	340	5.5513	1.2490	1.4110	8.3889
expend	地方财政文化与体育传媒支出	—	341	3.6321	3.7984	1.2442	5.2784
park	文化产业园区个数	—	330	3.0566	1.6505	0	7.4431

第三节　回归结果与讨论

一、样本估计结果

回归之前，为了排除自变量之间的共线性问题，本书分析了各个自变量的方差膨胀因子 *VIF* 值，见表4－3。存在多重共线性和不存在多重共线性时解释变量的方差之比即为方差膨胀因子（Variance Inflation Factor，VIF），VIF 越大，代表变量之间的多重共线性越严重。一般而言：当 $0 < VIF < 10$ 时，不存在多重共线性；当 $10 \leqslant VIF < 100$ 时，存在较强的多重共线性；当 $VIF \geqslant 100$ 时，存在严重的多重共线性。表4－3显示，所有自变量的 *VIF* 值都介于1.09～5.28，均值为2.77，说明它们之间并不存在共线性问题。

表4－3　　　自变量的方差膨胀因子 VIF 值

变量	*struc*	*invest*	*lib*	*human*	*soft*	*finan*	*tour*	*people*
VIF	1.48	2.45	2.70	1.86	2.19	2.49	3.28	3.33
变量	*FDIPC*	*income*	*spend*	*road*	*net*	*expend*	*park*	
VIF	1.18	5.02	3.08	4.27	1.09	2.43	5.28	

本书采用 OLS 样本数据进行估计。为了判断是选择固定效应还是随机效应，估计前通过 Hausman 检验，结果显示采用固定效应更有效。表4－4报告了 OLS 回归估计的结果。

模型（1）报告了以空间 Gini 系数来表示文化产业集聚度并采用普通最小二乘法（Ordinary Least Squares，OLS）估计的结果。人力资本（*human*）、国际旅游业务收入（*tour*）、文化产业园区数量（*park*）、人均 FDI（*FDIPC*）、居民人均可支配收入（*income*）等5个因素的系数为正，且分别通过了显著性检验，其中，国际旅游业务收入（*tour*）、文化产业园区数量（*park*）通过了1%的显著性检验；人力资本（*human*）通过了5%的显著性检验；人均FDI（FDIPC）、居民人均可支配收入（*income*）则通过了10%的显著性检验。结果说明这5个指标能显著提高空间*Gini*系数，对文化产业的空间集聚有着积极的促进作用。具体来说，人力资本（*human*）、国际旅游业务收入（*tour*）、文化产业园区数量（*park*）、人均FDI（*FDIPC*）和居民人均可支配收入（*income*）变动1%，空间Gini系数衡量的文化产业集聚度将分别提高0.024%、0.0375%、0.0222%、0.0060%和0.0215%。这个结果与之前的判断相同。然而，固定资产投资（*invest*）、软件业务收入（*soft*）、外来人口规模（*people*）和互联网用户数（*net*）这4个因素的系数为负，且通过显著性检验，这说明它们对空间Gini系数有着显著的负效应，这与前面的假设相反。对于固定资产投资，系数为负的原因与文化产业固定资产投资占比过低有关，尽管在过去十几年的时间内，文化产业固定资产规模逐年扩大，从2012年的15644亿元上升到2016年的33713亿元，但是文化产业固定资产投资占全社会固定资产投资的比重仅为5.7%，且多年维持在这一水平。软件业务收入（*soft*）和互联网用户数（*net*）反映的是与文化产业密切关联的电子信息产业的发展情况和基础设施建设情况，其系数为负的原因是在电子信息产业和文化产业均飞速发展的时期，二者之间的融合与联动效应并不明显。故此，随着“互联网+”的提出，文化产业与电子信息产业的融合需要进一步加强，通过网络文学、游戏、视频、微电影等多种形式，让互联网更深层次、广范围地渗入文化产业各个领域，实现两个产业之间的资源互补、技术扩散。对于外来人口规模，其系数为-0.0153，且通过5%的显著性检验，原因在于导致我国人口流动最主要的因素并非城市的包容度，而是经济发展水平。外来人口比重最大的东部沿海地区，其文化产业发展水平远远高于人口流出的中西部地区，根据图3-2，中西部地区文化产业刚刚起步，且限于资源等因素，往往集中于省会城市；而东部地区文化产业发展已经有一定规模，除了省会城市，其他城市也在政策鼓励下纷纷发展文化产业。故此，文化产业发展水平低的中西部的产业集聚度反而高于东部地区，这也是外来人口比重系数为负的原因。第三产业就业人数比重（*struc*）、公共图书馆数量模型（*lib*）、金融机构贷款额（*finan*）、城镇居民人均教育文化娱乐支出（*spend*）和年末道路长度（*road*）等5个指标不显著，说明它们对文化产业的空间集聚并没有明显的影响。剔除掉这5个未通过显著性检验的因素，新的估计结果见模型（2）。与模型（1）相比，各个变量的系数与模型（1）不但符号一致，数值的变动也并不大，这说明模型具有较好的稳定性。剔除掉模型（1）中的5个不显著变量后，剩下的10个变量均通过显著性检验。

考虑到可能存在的异方差和序列相关问题，本书采用广义最小二乘法（Generalized Least Squares，GLS）对各个变量的系数进行估计。估计结果见模型（3），除了人均FDI（FDIPC）由以前通过10%的显著性检验变为未通过显著性检验外，结果与OLS估计结果比较相似。剔除人均FDI（*FDIPC*）后重新进行GLS估计，结果见模型（4）。

空间Gini系数侧重反映一省（直辖市、自治区）内文化产业的空间分布格局，而区位熵LQ则重在反映相对区域经济在全国的比重而言，区域文化产业占全国文化产业的比重。正是二者侧重点的差异，导致在采用区位熵LQ作为文化产业集聚度的代理变量时，很多影响变量的系数都改变了，见模型（5）至模型（8）。模型（5）是OLS估计结果，模型（6）是剔除掉模型（5）中不显著变量后的估计结果，模型（5）、模型（6）则是采用GLS估计结果。在模型（1）至模型（4）中不显著的指标第三产业比重（*struc*）、公共图书馆数量（*lib*）、年末道路长度（*road*）、地方财政文化与体育传媒支出（*expend*），在模型（5）至模型（8）中都通过显著性检验。而原本显著的国际旅游业务收入（*tour*）、外来人口规模（*people*）、互联网用户数（*net*）的变量，在模型（5）至模型（8）中却没有通过显著性检验。只有人力资本（*human*）、软件业务收入（*soft*）在模型（1）至模型（4）和模型（5）至模型（8）中的结果相似，说明无论是产业在区域内的空间分布，还是区域内产业在全国的占比，人力资本和相关产业都有着重要的影响（见表4-4）。

二、内生性问题及解决

为了检验结果更具稳健性，回归分析还要考虑模型的内生性问题。严重的内生性问题往往会影响估计结果一致性、无偏性和有效性。导致内生性问题产生的原因一般包括：

（1）在回归分析时，遗漏了重要的解释变量，在实际的回归模型中，无法包括所有解释变量，当遗漏的解释变量与被解释变量相关的时候，就产生了内生性问题。

（2）解释变量和被解释变量之间存在着互相影响、互为因果的关系。

（3）主要变量在选取度量指标时，存在着测量误差。例如Brulhart & Sbergami（2006）在分析1960—2000年全球105个国家和1975—2000年欧盟内16个国家的产业集聚现象时，同时采用空间Gini系数、Krugman指数和Balassa指数来衡量经济活动的集聚水平。选用多种指标进行测算，无疑有利于估计结果的稳健性，同时也可以从某种程度上克服可调整的地区单位问题。然而这些指标是一国之内经济活动集聚的衡量指标，并不能准确反映国家之间各个产业的空间分布格局。

无论是对产业集聚和经济增长关系的间接检验还是直接检验，逐渐都关注二者之间的相互影响。Ciccone & Hall（1996）在研究美国各州的经济活动集聚现象时，在考虑到内生性问题的前提下，发现经济活动集聚带来的规模递增会导致地区间劳动力生产率的差异①。Ciccone（2002）在考察欧洲5个国家628个地区的数据时，也在考虑到集聚内生性的前提下，发现经济集聚的提高对区域经济增长有着显著的正效应②。Sbergami（2002）使用欧盟各国的跨国面板数据考察集聚与经济增长的关系时，考虑到二者之间的内生性问题，引入地区人口密度的标准差作为集聚的工具变量③。Brulhart & Sbergami（2006）在全球和欧盟国家的经济活动集聚和经济增长率之间的相互关系时，为了消除实证模型中的内生性问题，使用了系统的广义矩方法（GMM）④。国内很多相关研究也以不同的方式在处理内生性问题，例如范建勇（2006）在分析非农产业集聚与劳动生产率的关系时，就采用各地的土地面积作为工具变量⑤。

关于内生性问题的解决，通常的做法是引入工具变量，来消除扰动项与自变量的相关问题。工具变量与扰动项无关而与内生解释变量相关。然而，找到合适的工具变量比较困难，Sbergami（2002）等的研究就说明了引入新变量作为工具变量，往往会因为新变量本身的问题，导致研究的结果不理想。最常见的方法是引入内生解释变量的滞后项作为工具变量。依照这个方法，本书以各地区的文化产业园区数量（*Park*）的第一、第二阶滞后项作为工具变量，以解决解释变量的内生性问题。表4－5报告了我国31个省市文化产业集聚影响因素的工具变量2SLS估计结果。在控制了内

---

① Ciccone, A & R. Hall, Productivity and the Density of Economic Activity. American Economic Review, 1996（86）：54 .

② Ciccone, A. Agglomeration Effects in Europ. EuropeanEconomicReview, 2002（46）：213.

③ Sbergami F. Agglomeration and Economic Growth：Some Puzzles. HEI Working Paper 2002（2）：27.

④ Brulhart M. & F. Sbergami. Agglomeration and Growth：Empirical Evidence. ETSG Working Paper 2006, www. hec. uni. lch/mbrulhart/papers.

⑤ 范剑勇．产业集聚与地区间劳动生产率差异［J］．经济研究，2006（11）：72－81.

表 4－4　　**OLS 和 GLS 估计结果**

变量	(1) *Gini*	(2) *Gini*	(3) *Gini*	(4) *Gini*	(5) *LQ*	(6) *LQ*	(7) *LQ*	(8) *LQ*
struc	−0.0001 (0.0006)				0.0043 * (0.0045)	0.0069 ** (0.0030)	0.0123 *** (0.0036)	0.0159 *** (0.0026)
invest	−0.0299 ** (0.0203)	−0.0340 *** (0.0113)	−0.0297 *** (0.0102)	−0.0330 *** (0.0099)	0.2977 *** (0.1323)	0.1285 *** (0.0729)	0.3149 *** (0.1275)	0.4011 *** (0.2033)
lib	−0.0041 (0.0244)				−0.6031 *** (0.1949)	−0.3632 *** (0.0913)	−0.7293 *** (0.1530)	−0.4173 *** (0.0483)
human	0.024 ** (0.0198)	0.0318 ** (0.0321)	0.0315 *** (0.0276)	0.0362 *** (0.0306)	0.0305 *** (0.0368)	0.0418 *** (0.0404)	0.0455 *** (0.0397)	0.1129 *** (0.0424)
soft	−0.0123 * (0.0069)	−0.0118 ** (0.0056)	−0.0098 * (0.0051)	−0.0089 * (0.0050)	−0.0111 * (0.0586)	−0.0388 ** (0.0611)	−0.0279 ** (0.0552)	−0.0318 *** (0.0466)
finan	−0.0152 (0.0110)		−0.0151 (0.0107)		0.0392 (0.0661)		0.0487 (0.0584)	
tour	0.0375 *** (0.0082)	0.0363 *** (0.0117)	0.0365 *** (0.0094)	0.0401 *** (0.0138)	0.0309 (0.0698)		0.0412 (0.0125)	
people	−0.0153 ** (0.0058)	−0.01528 *** (0.0053)	−0.0155 *** (0.0052)	−0.0178 *** (0.0050)	−0.0107 (0.0392)		−0.0226 (0.0285)	
FDIPC	0.0060 * (0.0076)	0.0076 * (0.0052)	0.0063 (0.0050)		−0.0748 (0.0651)		−0.1464 *** (0.0475)	−0.0536 ** (0.0227)

续表

变量	(1) *Gini*	(2) *Gini*	(3) *Gini*	(4) *Gini*	(5) *LQ*	(6) *LQ*	(7) *LQ*	(8) *LQ*
income	0. 0215 * (0. 0382)	0. 0083 ** (0. 0095)			-0. 0833 * (0. 0739)	-0. 0785 ** (0. 0671)	-0. 3177 * (0. 2135)	-0. 3593 ** (0. 2135)
spend	0. 0014 (0. 0340)				-0. 2906 (0. 2280)		-0. 3017 (0. 3011)	
road	0. 0094 (0. 0124)				-0. 2499 ** (0. 1173)	-0. 1746 ** (0. 0813)	-0. 1418 * (0. 0778)	-07393 ** (0. 0494)
net	-0. 030 ** (0. 0116)	-0. 0303 *** (0. 0107)	-0. 0289 *** (0. 0106)	-0. 0316 *** (0. 0102)	0. 1035 (0. 0777)		0. 2214 (0. 0491)	
expend	-0. 0028 (0. 0200)				0. 4413 *** (0. 1392)	0. 2178 ** (0. 0878)	0. 6478 *** (0. 1258)	0. 4265 *** (0. 0520)
park	0. 0222 *** (0. 0079)	0. 0232 *** (0. 0064)	0. 0218 *** 0. 0062	0. 0178 *** (0. 0055)	-0. 1874 *** (0. 0563)	-0. 0028 (0. 0362)	-0. 2508 *** (0. 0495)	-0. 1857 *** (0. 0531)
cons	0. 5714 *** (0. 3081)	0. 5919 *** (0. 1653)	0. 5990 *** (0. 1655)	0. 5926 *** (0. 1719)	2. 9323 * (1. 9572)	2. 4434 *** (0. 5587)	1. 7495 *** (1. 9340)	3. 4281 *** (0. 6114)
模型	OLS	OLS	GLS	GLS	OLS	OLS	GLS	GLS
R^2	0. 2782	0. 2778			0. 5389	0. 3902		

注：系数值括号里为标准误差值，*、**、*** 分别代表 10%、5%、1% 的统计显著水平。

生性后，对于衡量产业空间集聚的空间 Gini 系数，文化产业园区数量（*park*）、人力资本（*human*）、国际旅游业收入（*tour*）、年末道路长度（*road*）都对其有着显著的正影响，这都说明政府的政策支持、高水平的劳动力、相关产业的发展和基础设施的完备都会促进省域范围内文化产业在空间上的集聚程度；而固定资产投资（*invest*）、软件业务收入（*soft*）、外来人口规模（*people*）、互联网用户数（*net*）的系数则为负，再次显示文化产业固定资产投资比重过低、文化产业与电子信息产业之间的融合与联动效应不明显、经济发展水平驱动型的人口流动等因素制约了文化产业空间集聚。对于衡量省级文化产业在全国文化产业中比重的区位熵 LQ，固定资产投资（*invest*）、人力资本（*human*）、地方财政中文化与体育传媒支出（*expend*）的系数为正，说明地区固定资产投资总规模虽然不能提高该地区内文化产业的空间集聚，但是可以提高该地区文化产业在全国文化产业中的比重。而无论对于产业的空间集聚还是地区产业的集中，人力资本都有着显著的促进作用，这也是 Florida（2002）、Andersen & Lorenzen（2005）、Guatier et al.（2005）、Scott（2009）等提出“创意阶层”概念，并认为无论是城市的繁荣，还是文化产业的发展，“创意阶层”都起着决定性作用①。地方财政中文化与体育传媒支出对于提高地区的产业集中度也有着显著积极作用，因为地方政府加大对文化及相关产业的财政投入，会促进本地区文化及相关产业相对于其他地区、产业的发展，进而提高地区内的产业集中度。但是对于省域范围内文化产业的空间分布，如果缺乏合理的布局规划，政府的财政支持会导致省域范围内各个城市争相发展文化产业，反而会降低空间 Gini 系数。

① Florida R. The Economic Geography of Talent. Annals of the Association of American Geographers, 2002b, 92（4）: 743－755.

表 4－5　　工具变量 2SLS 回归结果

变量	(1) *Gini*	(2) *Gini*	(3) *LQ*	(4) *LQ*
park	0.0188 *** (0.0461)	0.0216 *** (0.0389)	−0.5450 *** (0.3092)	−0.4834 *** (0.2977)
struc	0.0001 (0.0014)	0.0206 (0.0177)	0.0242 (0.1414)	0.0313 (0.2153)
invest	−0.0279 *** (0.0413)	−0.0344 *** (0.0256)	0.0313 *** (0.1590)	0.0455 *** (0.2318)
lib	−0.0161 (0.0418)	−0.0373 (0.0677)	−0.0273 *** (0.0390)	−0.0331 *** (0.0459)
human	0.042 ** (0.0326)	0.0382 ** (0.0412)	0.0454 *** (0.0295)	0.0388 *** (0.0314)
soft	−0.0152 * (0.0125)	−0.0214 * (0.0234)	0.2431 *** (0.0895)	0.30021 *** (0.0658)
finan	−0.0145 (0.0218)	−0.0222 (0.0341)	0.3326 (0.2257)	0.3891 (0.3237)
tour	0.0422 *** (0.0133)	0.0487 *** (0.0238)	−0.0686 (0.0611)	−0.0583 (0.0722)
people	−0.0159 *** (0.0088)	−0.0291 *** (0.0162)	−0.1023 *** (0.0465)	−0.2233 *** (0.0629)
FDIPC	0.0053 (0.0198)	0.0132 (0.0211)	−0.0186 *** (0.0586)	−0.0216 *** (0.0624)
income	0.0069 (0.0208)	0.0088 (0.0199)	0.0186 (0.0136)	0.0211 (0.0243)
spend	−0.0027 (0.0276)	−0.0183 (0.0418)	0.0116 (0.0315)	0.0325 (0.0448)
road	0.0183 ** (0.0126)	0.0257 ** (0.0235)	−0.5694 *** (0.0966)	−0.6083 *** (0.1077)

续表

变量	(1) Gini	(2) Gini	(3) LQ	(4) LQ
net	-0.0296 *** (0.0248)	-0.0301 *** (0.0462)	0.0742 (0.1290)	0.0820 (0.1306)
expend	-0.0094 (0.0268)	-0.0117 (0.0533)	0.9822 *** (0.1579)	0.7883 *** (0.3142)
cons	0.5910 *** (0.7008)	0.6073 *** (0.3522)	4.5572 *** (5.0770)	7.6374 *** (6.1114)
R^2	0.3394	0.3574	0.3226	0.3908

注：系数值括号里为标准误差值，*、**、*** 分别代表 10%、5% 和 1% 的统计显著水平。

第四节　本章小结

本章利用 2005—2015 年我国 31 个省市、直辖区文化产业的面板数据（本研究未对我国香港特区、澳门特区和台湾省的情况进行分析），对影响文化产业集聚的因素进行了实证分析，得到以下结论：

（1）人力资本不但会提高文化产业的空间集聚水平，还对整个产业的产业集中水平有着非常显著的积极效应。文化产业的发展离不开较高的人力资本水平，各地人力资本水平的差距，直接决定了文化产业发展的差距。各省要发展文化产业、提高文化产业的集聚水平，一方面要加大人力资本投资，提高教育、科学、文化和卫生的投入，培养大量的高质量人才；另一方面要完善人才利用和引进制度，在留住本地高质量人才的同时，积极引进海外、省外人才，通过人力资本的集聚促进产业的集聚。这一点对于中部、西部地区尤为重要。

（2）相关产业对文化产业集聚的促进作用未能充分发挥。除了旅游业对文化产业空间集聚有着积极影响外，金融业、信息业对文化产业的空间集聚以及地区文化产业集中都没有起到推动作用，甚至在省域范围内文化的空间布局上，信息产业的发展还起到了反向的作用。作为“后工业化”时代产物，文化产业最突出的特征就是产业关联度高、带动性强，因此，文化产业与实体经济融合是发展的必然趋势，也是其常态化标志。目前，我国各省市文化产业与其他产业的融合程度不够，在此后发展中，应该引导和推动文化产业加快与其他相关产业的融合和联动，使创意、文化成为整个国民经济的普遍特征。

（3）道路等基础设施的建设与完善能够有效地推动文化产业的空间集聚。欧洲、美国、日本等国家和地区制造业、文化产业发展的经验都显示以基础设施先行促进新兴产业发展战略的成功。各省份应该因地制宜，加强基础设施的建设，提高城市化水平。中部、西部地区应进一步加强交通、电网、信息网络、环境卫生等基础设施建设，而东部地区则应更努力推动传统基础设施建设与信息化的有效融合。

（4）政府行为对文化产业的空间集聚和地区文化产业集中都有着重要的影响。不同于美国、日本等发达国家文化产业发展的历程，我国文化产业在起步阶段，政府的政策导向、资金支持、税收优惠等都有着至关重要的作用。通过创办各种文化产业园区，吸引大量文化企业、文化人才、文化投资项目的集中，从而有效地促进文化产业的空间集聚，并发挥出规模经济对产业发展、就业、技术扩散等方面的巨大影响。而地方政府对文化及相关产业的财政投入，则能够有效地解决产业发展中的资金不足问题，为各地文化产业集聚式发展提供资金保障。

第五章 产业集聚影响经济增长的理论基础

第一节　产业集聚影响经济增长的机制

产业集聚对区域经济增长的影响分析一直是区域经济学、空间经济学的重要主题。从20世纪90年代开始，在古典空间经济学和内生经济增长理论的基础上，新经济地理学通过将空间因素纳入经济增长的一般均衡分析中，来分析经济活动在空间上的集聚现象对区域经济增长的影响，其中理论分析包括例如Krugman、Fujita和Venables等的静态空间模型和Martin & Ottaviano（2001）等的动态空间模型，相关的实证分析也较多。无论是理论还是实证研究，大致上对产业集聚的经济效应有三种结论：大部分研究如Krugman（1990a，b）、Martin & Ottaviano（1999）、Baldwin & Martin（2003）、Mitra & Sato（2007）、Geppert et al.（2008）、Fujita & Thisse（2003）和Dupont（2007）等都认为产业的空间集聚对生产率提高、就业增长、城市体系建设、大都市扩张、技术效率提高、经济规模扩张及企业家精神等方面有着显著的促进作用；部分研究如Brulhart & Sbergami（2009）等则认为尽管产业集聚能够从一定程度上推动区域经济增长，但是这种影响非常有限，且受到很多因素的制约；少量研究比如 Combes（2000）和 Sbergami（2002）则认为产业集聚对区域经济增长并没有促进作用，反而在有些情形下，这种作用力是反向的[①]。旧金山的硅谷、洛杉矶的迪士尼及好莱坞、伦敦 SOHO 区、东京的动漫产业中心等世界著名的产业集聚区的数据显示，在产业集聚发展的初级阶段，产业集聚对区域经济增长有着明显的推动和促进作用。很多研究从不同的角度对产业集聚影响区域经济增长的机制进行了分析，如 Romer（1986）、Lucas（1988）和 Porter（1990）等研究认为产业的空间集聚主要通过运输成本、规模经济和动态外部性三种机制影响区域经济增长，见图 5－1。

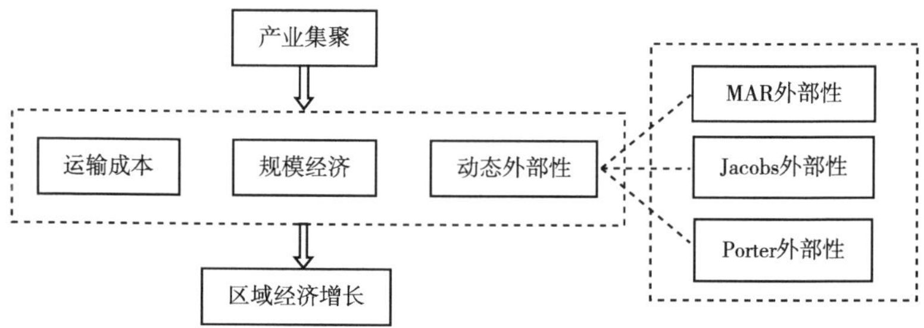

图 5－1　产业集聚影响区域经济增长的机制

一、运输成本与规模经济

早期的区位经济学提出运输成本的概念，Tune（1836）提出著名的“杜能圈”，以距离城市中心的运输成本来衡量空间差异性；Weber（1909）认为运输成本受到空间距离和运输重量的影响。基于 Samuelson（1985）的“冰山运输成本”[②] 概念，Krugman

① Combes，P. P. Economic Structure and Local Growth：France，1984－1993［J］. Journal of Urban Economics，2000，47（3）：329－355.

② 冰山运输成本：“冰山”的移动过程中受到海洋气流和风向的影响会逐渐融化，商品的运输过程就像是“冰山”的移动过程，在抵达目的地的过程中，部分产品会“融化”掉，这部分就构成冰山运输成本，表示为运输产品的一个比例。

（1980，1991）等新经济地理学的研究在不完全竞争和规模报酬递增的前提下，对运输成本的内涵进行了重新界定。他认为冰山运输成本是非线性和动态的，它与规模报酬递增之间的对比决定了经济活动是集聚还是分散。然而 Krugman（1991）的分析仅仅强调的是工业品在中心城市与外围地区之间的运输成本，而忽略了农产品在中心城市与外围地区之间的运输成本。Henderson（1997）延续 Krugman（1991）的思想，但是在界定运输成本时，侧重的是区域内而非区域间的运输成本。Tabuchi（1998）、Fujita & Mori（2005）认为 Krugman（1991）忽略了城市内各产业之间的运输成本，而 Henderson（1997）忽略了区域之间的运输成本，都具有侧重点，容易导致研究的片面性。他们从更加宽泛的角度界定运输成本，认为运输成本不仅包括实体商品的运输成本，还包括贸易壁垒、文化差异、不同生产标准等造成的交易成本。不同产业和同一产业内的不同企业在空间上的集聚，毫无疑问会降低物理运输成本和制度交易成本，从而降低生产的平均成本，这都会推动产业及其区域经济的增长。

规模经济是产业集聚的原因，同时产业集聚也会通过规模经济推动区域经济增长。首先，经济活动的空间集聚能够提供更加专业化的生产要素，比如劳动力、机器设备等，同时也能提供更加丰富、差异化的中间产品，这些都能够通过降低企业的生产成本来推动产业和地区经济增长。其次，产业在一定空间内的集聚，会更容易地将产业在生产、技术、产值、创新等方面的变化传递到它的上游部门和下游部门，从而通过加强产业的前向关联效应和后向关联效应，实现该产业对区域内其他产业的带动作用。最后，随着大量企业在同一区域内聚集，会产生巨大的市场需求，既包括对劳动力等生产要素的需求，也包括最终商品和服务的需求，集聚越显著，这种市场需求就越大，也能提高区域的就业水平和经济增长水平。

二、动态外部性

产业集聚通过加强产业的前、后向联系来带动区域经济增长，这种效应往往被称为集聚的静态外部性。而当同一产业内部或者不同产业之间的企业在地理上的集中，导致知识或技术溢出产生的外部性，则被称为动态外部性。Romer（1986，1987）等的新经济增长理论认为由知识或技术溢出带来的动态外部性属于非经由市场传递的外部性，是区域经济长期、稳定增长的源泉。Martin & Ottaviano（1999），Feldman & Audretsch（1999）和Quah（2002）等认为，企业在空间上越接近，越有利于相互之间知识、技术的溢出。因此，在产业的空间集聚水平越高的地区，往往生产率水平越高。

Glaeser et al.（1992）根据动态外部性产生的原因及其效应的不同，将动态外部性分为MAR外部性、Jacobs外部性和Porter外部性这三种。其中，Marshall（1920）、Arrow（1962）和Romer（1990）为代表的Marshall - Arrow - Romer外部性（即MAR外部性），最早由Marshall（1920）提出，后来经过Arrow（1962）和Roomer（1990）先后做出了修正和补充。MAR外部性认为同一个产业内的大量企业在某一地区的集中，有利于企业相互之间的知识外溢与扩散，同时也能够实现劳动力共享，以及提供专业化的供应商与销售商和配套服务，这有利于产业内部每个企业节约成本和技术创新，从而推动地方经济增长。这种同一产业内大量企业在同一个地方的聚集带来的外部性，也称为专业化集聚（specialized aggregation）或地方化经济（localization economies）。Jacobs（1969）则分析了不同产业的企业在同一个地区集聚的现象，认为这种集聚不仅使各个企业可以分享城市的水、电、通信、道路等基础设施，还有利于不同产业之间的知识互补和创新扩散，所以当多样化产业的大量企业在一个地区的集聚，比起同一产业内不同企业的集聚更能促进区域经济增长。这种不同产业的企业在同一地区的聚集及其外部效应，被称为 Jacobs 型外部性，也称为多样化聚集（diversity aggregation）或城市化经济（urbanization economies）。Porter（1990）则从另一个角度分析了产业集聚的经济效应，他认为当大量企业（不同产业之间和同一产业内）集聚在一起，会加剧地区的竞争，而这种竞争会刺激企业不断创新以提高生产率水平。这种由地区竞争带来的外部性，被称为 Porter 外部性。

动态外部性及其对经济增长和创新的影响吸引了大量研究，然而，这种影响的机制却并不明确，在知识或者技术的传递与扩散并影响经济增长的过程中，三种外部性（专业化集聚带来的 MAR 外部性、多样化集聚带来的 Jacobs 外部性和竞争带来的 Porter 外部性）各自的作用机制是有所不同的。尽管绝大部分研究认为没有必要将 MAR 外部性和 Jacobs 外部性完全分离和对立起来，在分析集聚的经济效应时，应该对两种外部性同时进行分析，因为大多数模型的结果证实两种外部性都存在且二者之间并不相互排斥。但是，不可否认的是，不同的类型集聚及其外部性，对创新活动和经济增长的影响是有所不同的。表 5－1 介绍了在不同类型的集聚下知识或者技术外溢的渠道和主要机制。同一产业内的大量企业集聚，知识的溢出往往通过 MAR 外部性和 Porter 外部性；不同产业的企业在某个地区的集聚，企业间往往通过 Jacobs 外部性将多样化的知识在企业间传递和扩散；而当一个地区存在着不同产业之间、同一产业不同企业之间的竞争时，一般通过 Jacobs 外部性和 Porter 外部性来实现技术互补和创新竞争。表 5－1 同时也说明三种外部性虽然不能同时作用于知识溢出和经济增长，但是两两之间并非一定相互排斥，很多研究认为专业化和多样化的产业结构都会促进地区的经济增长。Duranton & Puga（2000）就提出区域经济增长“不但需要大的、多样化的城市，同时也需要较小的、专业化的城市"①。他们的理论模型显示，相对而言，多样化对于创新活动至关重要，而专业化则对经济的持续增长非常关键。

表5-1　　外溢的根源

	MAR 外部性	Jacobs 外部性	Porter 外部性
专业化集聚	+	-	+
多样化集聚	-	+	-
竞争性集聚	-	+	+

第二节　产业集聚的动态外部性对全要素生产率的影响

借鉴 Krugman（1991a，b）、Vanables（1995）和 Grossman & Helman（1991）等新经济地理学的研究，本书采用生产函数法来分析不同类型的产业集聚对产业全要素生产率的影响。模型中，产业的生产函数中既包括投入的资本、劳动力等要素，还包括各种类型的集聚外部性，这与 Glaeser et al.（1992）和 de Lucio et al.（1996）等侧重单一外部性的分析有所不同。与此同时，由于动态外部性主要体现在知识、创新的溢出，同 Lucio et al.（2002）、Goginath et al.（2004）、Dekle（2002）、Henderson（2003b、2003c）、Cingano & Schivardi（2004）、张妍云（2005）、范剑勇（2006）等一样，本书采用全要素生产率而非就业等来反映产业增长，更能反映出集聚的外部性同时对产业全要素生产率和增加值的影响。

① Duranton, G., Puga, D., 2000. Diversity and specialisation in cities why, where and when does it matter? Urban studies, 37 (3), 533-555.

假定文化产业 i 的生产函数为 C－D 函数：

$$Y_{i,j,t}=A_{i,j,t}L_{i,j,t}^{\alpha}K_{i,j,t}^{\beta} \tag{5-1}$$

其中，$Y_{i,j,t}$即为第 t 年 j 地区 i 产业的总产值或者增加值，A 为技术水平。L 和 K 分别为生产中投入的劳动力和资本，α 和 β 分别为劳动力和资本的产出弹性。假定 r 是利率，W 是工资率，企业在决定生产中的资本和劳动力投入数量时，必须满足两种要素的相对总成本等于生产函数中两种要素的系数之比，即：

$$\frac{K_{i,j,t}r_t}{L_{i,j,t}W_{i,j,t}}=\frac{\beta}{\alpha} \tag{5-2}$$

对（5－2）求一阶导数，即得到利润最大化时的 K 的取值，将其代入（5－1），得到

$$\ln Y_{i,j,t}=\ln A_{i,j,t}+\alpha\ln L_{i,j,t}+\beta(\ln w_{i,j,t}+\ln L_{i,j,t}+\ln\beta-\ln r_t) \tag{5-3}$$

为了分析外部性对技术增长率的影响，将（5－3）转化为以下的形式：

$$\ln\left(\frac{Y_{i,j,t}}{Y_{i,j,t-1}}\right)=\ln\left(\frac{A_{i,j,t}}{A_{i,j,t-1}}\right)+(\alpha+\beta)\ln\left(\frac{L_{i,j,t}}{L_{i,j,t-1}}\right)+\beta\ln\left(\frac{W_{i,j,t}}{W_{i,j,t-1}}\right)-\beta\ln\left(\frac{r_t}{r_{t-1}}\right) \tag{5-4}$$

进一步转化为人均值（即劳动力的生产率）的形式，见式（5－5）：

$$\ln\left(\frac{Y_{i,j,t}/L_{i,j,t}}{Y_{i,j,t-1}/L_{i,j,t-1}}\right)=\ln\left(\frac{A_{i,j,t}}{A_{i,j,t-1}}\right)-(1-\alpha-\beta)\ln\left(\frac{L_{i,j,t}}{L_{i,j,t-1}}\right)+\beta\ln\left(\frac{W_{i,j,t}}{W_{i,j,t-1}}\right)-\beta\ln\left(\frac{r_t}{r_{t-1}}\right) \tag{5-5}$$

从式（5－5）中可以看出，A_t 的增长率取决于两个变量：全域技术增长率 A_{total}和本地技术增长率 A_{locol}。A_{total}反映的是影响本地产业的外部技术变化，可以用外地的任一产业的劳动生产率水平来表示：

$$\ln\left(\frac{A_{i,j,t}}{A_{i,j,t-1}}\right)_{total}=\ln\left(\frac{\dfrac{Y_{i,t}-Y_{i,j,t}}{L_{i,t}-L_{i,j,t}}}{\dfrac{Y_{i,t-1}-Y_{i,j,t-1}}{L_{i,t-1}-L_{i,j,t-1}}}\right) \tag{5-6}$$

为了分析集聚外部性对全要素生产率的影响，参照经济活动在所有产业和地区间的分布将本地产业技术变化 A_{locol} 进行内生化处理。借鉴 de Lucio（1997）的方法，假定创新活动的分布取决于经济活动在地区间和产业间的分布，建立包括创新及其扩散的模型；同时借鉴 Grossman & Helpman（1991）和 Martin & Ottaviano（1996），认为在同一产业或地区内，每个企业创新活动的分布是关于创新影响因素比率的线性递增函数，采用增加值的变化来作为创新活动的代理变量。当一个企业的增加值在本地区或者本产业内的比重越高，代表该企业创新活动的比率越高；同样地，当一个地区有着动态创新的环境，地区的企业将从良好的创新环境中发展得更快，例如美国硅谷、中国中关村等。于是，创新通过两个渠道扩散：一是地区间的传递，一是产业间的传递，j 地区 i 产业的创新活动通过这两个渠道扩散时，既取决于 j 地区和 i 产业现有的创新环境，也受到 j 地区 i 产业分别在整个 i 产业和整个 j 地区经济中所占的份额，即 i 产业的在 j 地区空间集聚度和 j 地区内 i 产业的集中度。

当一个产业创新速度更快，这个产业内的企业将比其他产业内的企业发展更快。于是，j 地区 i 产业的企业创新取决于：①产业的创新倾向 γ_i；②j 地区 i 产业占整个 i 产业的比重 $X_{i,j,t}/X_{i,t}$；③地区的创新倾向 γ_j；④j 地区 i 产业占整个 j 地区产值的比重 $X_{i,j,t}/X_{j,t}$。

$$\begin{aligned}\gamma_i N_{i,j,t}\frac{X_{i,j,t}/N_{i,j,t}}{X_{i,t}}&=\gamma_i\frac{X_{i,j,t}}{X_{i,t}}\\ \gamma_j N_{i,j,t}\frac{X_{i,j,t}/N_{i,j,t}}{X_{j,t}}&=\gamma_j\frac{X_{i,j,t}}{X_{j,t}}\end{aligned} \tag{5-7}$$

考虑到地区间和产业间的技术扩散，这里用 θ_i 表示 j 地区其他产业对 j 地区 i 产业的技术扩散，用 θ_j 表示其他地区的 i 产业对 j 地区 i 产业的技术扩散，则创新活动也包括

$$\begin{aligned} &\theta_i \sum_{k \neq j} \left(\gamma_i \frac{X_{i,k,t}}{X_{i,t}} \right) \\ &\theta_j \sum_{k \neq i} \left(\gamma_j \frac{X_{k,j,t}}{X_{j,t}} \right) \end{aligned} \tag{5-8}$$

最后，考虑到创新活动的非线性性，这里借鉴 Henderson（1994）等的方法，采用各个变量的一阶导数的形式反映创新活动及其扩散的变动，即 γ_i'，γ_j'，θ_i'，θ_j'。于是，j 地区 i 产业劳动力生产率的变化取决于创新活动及其扩散：

$$\begin{aligned} \frac{dA_{i,j,t}}{dt} = A_{i,j,t}^{*} \Bigg[& \gamma_i \frac{X_{i,j,t}}{X_{i,t}} + \gamma_j \frac{X_{i,j,t}}{X_{j,t}} + \theta_i \sum_{k \neq j} \left(\gamma_i \frac{X_{i,j,t}}{X_{i,t}} \right) \\ & + \theta_j \sum_{k \neq i} \left(\gamma_i \frac{X_{i,j,t}}{X_{j,t}} \right) + \gamma'_i \frac{X_{i,j,t}^2 / N_{i,j,t}}{X_{i,t}^2} + \gamma'_j \frac{X_{i,j,t}^2 / N_{i,j,t}}{X_{j,t}^2} \\ & + \theta'_i \sum_{k \neq j} \left(\gamma'_i \frac{X_{i,j,t}^2 / N_{i,j,t}}{X_{i,t}^2} \right) + \theta'_j \sum_{k \neq i} \left(\gamma'_j \frac{X_{i,j,t}^2 / N_{i,j,t}}{X_{j,t}^2} \right) \Bigg] \end{aligned} \tag{5-9}$$

整理式（5-9）可以得到

$$\begin{aligned} \frac{dA_{i,j,t}}{dt} = A_{i,j,t}^{*} \Bigg[& \theta_i \gamma_i + \theta_j \gamma_j + \gamma_i (1 - \theta_j) \frac{X_{i,j,t}}{X_{i,t}} + \gamma_j (1 - \theta_i) \frac{X_{i,j,t}}{X_{j,t}} \\ & + \gamma'_i (1 - \theta'_j) \frac{X_{i,j,t}^2 / N_{i,j,t}}{X_{i,t}^2} + \gamma'_j (1 - \theta'_i) \frac{X_{i,j,t}^2 / N_{i,j,t}}{X_{j,t}^2} \\ & + \theta'_i \gamma'_i \sum_{\forall j} \left(\frac{X_{i,j,t}^2 / N_{i,j,t}}{X_{i,t}^2} \right) + \theta'_j \gamma'_j \sum_{\forall i} \left(\frac{X_{i,j,t}^2 / N_{i,j,t}}{X_{j,t}^2} \right) \Bigg] \end{aligned} \tag{5-10}$$

等式（5-10）显示，技术增长率取决于：

（1）地区专业化水平 $espp_{i,j,t} = X_{i,j,t} / X_{j,t}$ 和产业专业化水平

$espi_{i,j,t} = X_{i,j,t}/X_{i,t}$，以及二者的平方除以企业个数，即 $espp^2_{i,j,t} = X^2_{i,j,t}/(X^2_{j,t}/N_{i,j,t})$ 和 $espi^2_{i,j,t} = X^2_{i,j,t}/(X^2_{i,t}/N_{i,j,t})$。这两个指标分别反映的是产业的空间集聚水平（专业化集聚的 MAR 外部性）和地区内产业的集中程度（多样化集聚的 Jacobs 外部性）。

（2）j 地区产业多样化水平 $div_{j,t} = \sum_{\forall i}(X^2_{i,j,t}/N_{i,j,t})/X^2_{j,t})$，通常采用赫芬达尔指数的倒数来反映多样化水平。

（3）i 产业企业竞争度 $com_{i,t} = \sum_{\forall i}(X^2_{i,j,t}/N_{i,j,t})/X^2_{i,t})$，这与 Porter 外部性相关，通常用 j 地区 i 产业内企业的数量及其规模占比来表示。

第三节　本章小结

本章主要探讨了产业集聚影响产业增长的机制。首先，通过梳理古典区位经济学、内生经济增长理论以及新经济地理学的相关研究，认为产业集聚主要通过降低运输成本、扩大规模经济和实现动态外部性三种机制影响增长。接着，分别分析了产业集聚如何通过这三种机制实现其经济绩效的。尽管不同研究对运输成本的界定有所差异，但几乎所有研究都认为不同产业和同一产业内的不同企业在空间上的集聚会降低物理运输成本和制度交易成本，从而降低生产的平均成本，以推动产业及其区域经济的增长。产业的空间集聚通过提供专业化的生产要素、差异化的中间产品、强化产业的前向关联效应和后向关联效应、扩大市场需求等，实现该产业对区域内其他产业的带动作用。三种动态外部性（专业化集聚带来的 MAR 外部性、多样化集聚带来的 Jacobs 和竞争带来的 Porter 外部性）各自的作用机制是有所不同的，对创新活动和经济增长的影响也有所不同，相对而言，多样化对于创新活动至关重要，而专业化则对产业的持续增长非常关键。

本章采用产业的全要素生产率来反映产业的增长，采用生产函数法来分析不同类型的产业集聚及其外部性对产业全要素生产率的影响。模型通过将全要素生产率内生化，模拟出知识或者技术在同一地区不同产业间和同一产业不同地区间的扩散，来分析不同类型的集聚及其外部性对技术增长率的影响。模型分析得出企业的创新取决于产业的创新倾向、地区的创新倾向、专业化集聚水平和多样化集聚水平；产业的全要素生产率水平受到专业化集聚程度、多样化集聚程度以及地区、产业的竞争程度的影响。

第六章 文化产业集聚影响全要素生产率的经验研究

第一节 三种动态外部性及其研究综述

一、产业集聚与动态外部性

Cäniels（1999）、Breschi（1999）等在研究欧洲经济，Jaffe（1989）、Feldman（1994）和 Audretsch & Feldman（1996）等在研究美国经济时，均发现创新活动在空间上呈现出集聚的态势，这引发了学术界关于产业集聚与创新活动集聚之间关系的研究。经济增长、R&D、创新活动和技术变迁的核心就是知识的更新与扩散，Glaeser et al.（1992）等认为，产业集聚的三种动态外部性在知识更新与扩散的进程中至关重要：

（1）产业之内的专业化外部性。Marshall（1890）发现产业在空间上集聚导致的专业化，会有利于知识在产业内的传递与学习、降低原材料和最终产品的运输成本、更易找到高效率的劳动力。后来经过 Arrow（1962）和 Romer（1986）的发展，形成了 Marshall - Arrow - Romer（MAR）模型，这个模型认为一个产业在地理上集中有效地提高了这个地区该产业内企业、机构之间的知识溢出，这种专业化通过模仿、商业往来、技术工人间的交流加速了知识、思想、信息的传递和交换，它并没有通过市场交易来完成这一过程①。产业的空间集聚导致的专业化只会促进这个地区同一产业内部企业之间的知识传递，对产业之间的知识扩散并不会有影响。因此，具有专业化外部性的产业往往产业规模较大，且伴随着垄断的产业结构特征，"垄断比竞争有利于促进增长"②。这种产业内知识溢出就被称为地方化（专业化）外部性或 Marshall 外部性、MAR 外部性。

（2）产业之间的多样化外部性。Jacobs（1969）认为多样化的产业集聚更助于创新活动，因为知识创新的主要发生在城市，大量不同的企业集中在城市，可以加强知识的外部性，最终促进创新和经济增长。此外，多样化的产业在同一地区的集聚，有助于产业之间不同思想、技术和经验的模仿、分享与交融，"多样化劳动力的规模越大，越能提供更多种类的产品和服务"③。Harrison et al.（1996）和 Combes（2000a）等也肯定了多样化产业的空间集聚对知识传递的作用，同时他们还认为这种集聚模式更有利于不同企业分享良好的城市基础设施、广阔的市场、更好的专业化服务等。Jacobs（1969）认为相对于产业内的空间集聚，产业间的空间集聚更有利于区域经济增长。多样化的产业集聚导致的知识扩散就被称为城市化（多样化）外部性或者 Jacobs 外部性。

（3）产业内、产业间的竞争外部性。Porter（1990）则更强调产业之内、产业之间企业的竞争，认为比起垄断，地区内不同企业（同一产业内的不同企业和不同产业内的企业）的竞争更有利于区

---

① Saxenian, A., Regional Advantage: Culture and Competition in Silicon Valley and Route 128. Harvard University Press, Cambridge, 1994.

② Glaeser, E., Kallal, H., Scheinkman, J., Shleifer, A., 1992. Growth in Cities. Journal of Political Economy, 100: 1126 - 1152.

③ Jacobs, J., 1969. The Economies of Cities. Random House, New York.

域经济增长和知识的扩散。因为当众多不同企业集聚在一个地区时，市场竞争程度的加剧迫使企业有着强烈的创新意向，否则无法在激烈的市场竞争中生存。产业内、产业间不同企业在一个地区的集聚导致的知识溢出效应被称为 Porter 外部性。表 6 – 1 能够比较清楚地说明不同类型的集聚与产业结构、外部性之间的关系。

表 6 – 1　不同类型的产业集聚与产业结构、外部性

<table>
<tr><td>产业集聚形式</td><td>产业间集聚</td><td>产业内集聚</td></tr>
<tr><td>地区产业结构</td><td>多样化</td><td>专业化</td></tr>
<tr><td>产业空间结构</td><td>城市化</td><td>地方化</td></tr>
<tr><td rowspan="2">外部性</td><td>Jacobs 外部性</td><td>MAR 外部性</td></tr>
<tr><td colspan="2">Porter 外部性</td></tr>
</table>

二、产业集聚外部性影响增长的研究

关于产业集聚外部性的研究中，外部性的衡量指标的选择向来颇有争议。Frenken et al. （2005）认为正是因为这种差异导致了关于外部性的经济效应分析存在着诸多问题。由于三种外部性两两之间并非绝对排斥的，Loikkanen & Susiluoto（2002）等采用相同指标，例如赫芬达尔指数 HHI 来衡量 MAR 外部性和 Jacobs 外部性，并发现当 HHI 较高时，往往意味着 MAR 外部性较大，而 Jacobs 外部性较小。然而，很多产业的集聚往往同时包括产业间集聚和产业内集聚，MAR 外部性和 Jacobs 外部性并存，所以，在衡量不同的外部性时，采用同一个指标并不准确，越来越多的文献主张采用不同的指标分别来衡量不同的外部性。Beaudry & Schiffauerova（2008）通过对 67 篇关于 MAR 外部性、Jacobs 外部性和 Porter 外部性的综述性文章中的数据进行统计和整理。结果显示：

（1）关于外部性的衡量指标的选择，绝大多数的文献采用区位熵和产业就业规模来衡量 MAR 外部性，而 Jacobs 外部性则往往

采用赫芬达尔指数和 Gini 系数。

（2）关于外部性的经济效应，几乎 70% 承认产业集聚会导致 Marshall 外部性，并对经济增长或者创新性产出有着积极影响；几乎 75% 的研究则认为产业集聚伴随着 Jacobs 外部性，它对经济活动的多样化有着促进作用。约半数的研究认为 MAR 外部性和 Jacobs 对经济增长和创新同时具有正效应；而另外一半的研究中，要么发现两种外部性的经济效应正好相反，要么结果不显著。具体统计见表 6－2 和表 6－3。

表 6－2　　MAR 外部性的衡量指标及其经济效应

衡量指标	分类	正	或正或负①	负	不显著	总量	文献数量
区位熵	比率	19	5	16	5	45	35
产业就业	规模	21	5	6	4	36	17
企业数量	规模	2			3	5	2
技术相似指标	多样性	1			2	3	2
产业比重	比率	1	1	1	3	3	3
科学专业化	多样性	2				2	2
赫芬达尔指数	多样性	2				2	2
相关产业就业人数	规模				2	2	1
产业矩阵	比率	1	1			2	2
自回归系数	规模	1			2	3	2
其他	其他	1	1	3		5	5
总计		51	11	20		108	

资料来源：Catherine Beaudry, Andrea Schiffauerova. Who's right, Marshall or Jacobs? The localization versus urbanization debate. Research Policy 38（2009）318－337.

① 这类研究往往分地区、行业进行研究，部分地区、行业中影响为正，而部分地区、行业中影响为负。

表 6-3　　Jacobs 外部性的衡量指标及其影响

Jacobs 外部性指标	分类	正	或正或负	负	不显著	总量	文献数量
赫芬达尔指数	多样性	21	6	1	21	49	38
其他行业就业	规模	2	3	6	8	19	10
Gini 系数	多样性	10			3	13	7
城市总就业	规模	6			2	8	6
区域总就业	规模	3	2		2	7	6
其他产业就业比重	规模	4	2			6	3
区域内活跃企业数量	规模				2	2	1
E-G 指数	其他				2	2	1
创新比重	多样性	2				2	1
技术相似性指数	多样性	1			1	2	2
几个指标的加权指数	多样性	1		1		2	1
其他产业产出比重		5	1		3	9	10
总计		56	13	9	46	124	

资料来源：Catherine Beaudry, Andrea Schiffauerova. Who's right, Marshall or Jacobs? The localization versus urbanization debate [J]. Research Policy, 2009, 38: 318-337.

而关于 Porter 外部性的研究，往往与 MAR 外部性和 Jacobs 外部性同时进行，采用的衡量的指标包括其他产业就业、产出比重，产业集中度的倒数等，与 MAR 外部性和 Jacobs 外部性的统计结果不同，关于 Porter 外部性对经济增长、创新活动的影响的分析，结果差异性比较大，说明竞争度对不同产业、地区的影响不同。

第二节 典型事实

一、文化产业全要素生产率及其变动

全要素生产率（Total Factor Productivity，TFP）是指除去全部要素（资本、劳动力、土地）的贡献后由效率改善、技术进步、规模经济等带来的生产率水平，也常常称为技术进步率，反映了生产率作为经济概念的本质。全要素生产率的估算方法很多，常用的有两大类：一类是参数估计方法，包括索洛余值法及其拓展形式、随机前沿生产函数（SFA 等）；另一类是非参数估计方法，主要包括数据包络分析法（DEA）、指数法等。其中，参数估计方法基于特定的生产函数，通过不同方法对生产函数进行估计，进而得到全要素生产率，其中最为广泛使用的就是“索洛余值法”。索洛余值法是经济学家 Solow 在 1957 年根据希克斯中性技术进步生产函数提出的，用余值的思想来测量技术进步对经济增长的贡献。该方法下，产业的生产函数为

$$Y_t = A_t f(L_t, K_t)$$

则全要素生产率近似地表示为

$$TFP_t = \ln Y/L - s \times \ln K/L$$

为了方便计算，采用李春顶（2009）等方法，令 $s = \frac{1}{3}$，于是

$$TFP_t = \ln Y/L - \frac{1}{3}\ln K/L$$

其中，Y 为当年价格核算的文化产业增加值，L_t 和 K_t 分别为生产中投入的劳动力和资本。采用 2005—2015 年《中国文化及相关产业统计年鉴》、国家统计局三次经济普查数据和《中国城市统

计年鉴》的数据，可以大致估算出2005—2015年我国31个省市文化产业全要素生产率，见表6-4。

表6-4 索洛余值法下文化产业TFP的统计性描述①

年份	2005	2006	2007	2008	2009	2010	2011	2012	2013	2014	2015
最大值	4.01	4.21	4.35	4.43	4.56	4.62	4.77	4.82	4.9	5.22	5.36
最小值	1.27	1.34	1.35	1.33	1.35	1.4	1.32	1.37	1.4	1.12	1.19
均值	1.76	1.81	1.86	2.04	1.98	2.21	2.35	2.42	2.51	2.75	2.8
标准差	0.97	0.98	1.00	0.98	0.99	0.99	1.07	0.98	1.00	1.01	0.94

二、不同类型的产业集聚度与全要素生产率

根据第五章关于不同类型集聚外部性对全要素生产率影响的分析，这里分别采用空间Gini系数、区位熵LQ、1/HHI和各省市文化产业园区的数量占比来代表第四章公式（10）中影响全要素生产率的地区专业化水平*espp*、产业专业化水平*espi*、地区产业多样化水平*div*和产业企业竞争度*com*。这些数据在第三章已经计算完毕。为了考察不同类型的产业集聚及其分别对应的MAR外部性、Jacobs外部性和Porter外部性对我国文化产业全要素生产率的影响，这里分别绘制了散点图，见图6-1。

从整体来看，2005—2012年我国31个省市文化产业全要素生产率水平与衡量地区专业化水平的空间Gini系数、产业专业化水平的区位熵LQ和竞争度的文化产业园区数量占比之间，都呈现出线性正相关关系，初步表明文化产业地区专业化水平、产业专业化水平、产业多样化水平和竞争度的提高能够提高全要素生产率水平。产业多样化水平的1/HHI与全要素生差率之间的关系呈明显的倒U形，说明全要素生产率与多样化水平之间可能呈现阶段性

① 表格中为TFP的对数形式。

变化。由于散点图没有考虑其他变量的情况，只是大致模拟主要变量的影响，因此，接下来采用回归分析具体考察各种集聚及其外部性对文化产业全要素生产率的影响。

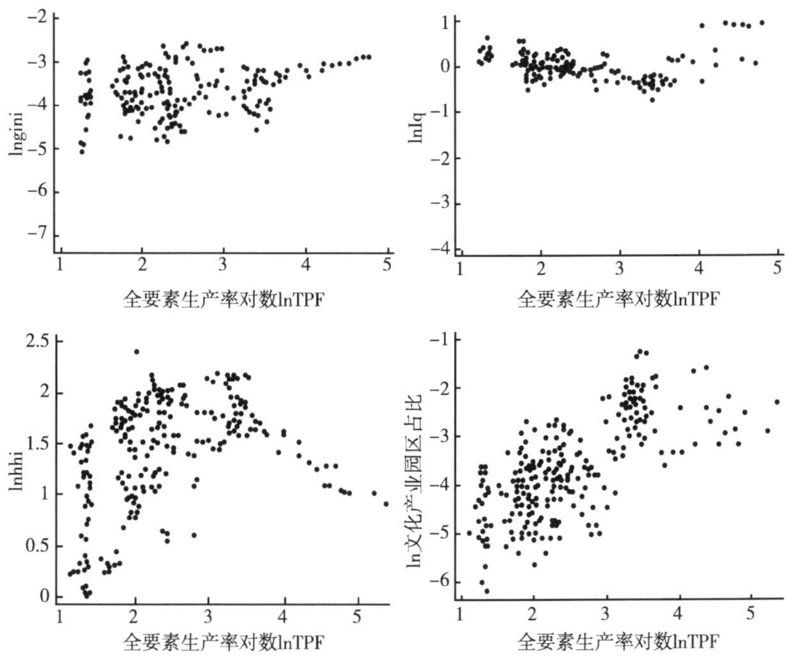

图 6－1　不同集聚外部性及全要素生产率散点图

第三节　计量模型、变量与数据

一、模型设定与指标选取

借鉴 Juan J. de Lucioa，José A. Herceb & Ana Goicolea（2001）、Menz，Nina & Ott，Ingrid（2011）模型的思路，在引入不同类型集

聚及其外部性的同时，考虑其他控制变量，构建如下模型来考察不同类型集聚对文化产业全要素生产率的影响：

$$\ln TFP = \alpha + \beta \ln agglo + \gamma \ln contr + \varepsilon$$

其中，*TFP* 表示文化产业全要素生产率，*agglo* 表示不同类型的集聚，具体包括地区专业化水平 *Gini*，产业专业化水平 *LQ*，多样化水平 1/*HHI*，竞争程度 *Num*，*contr* 表示控制变量，包括文化产业生产中投入的劳动力 *L* 和资本 *K*。为了减弱异方差的影响，对所有变量都取对数。

（1）文化产业全要素生产率（*TFP*）。本书以文化产业全要素生产率水平作为因变量，反映文化产业的增长状况。

（2）空间基尼系数（*Gini*）。空间基尼系数反映的是文化产业在一省之内各个地区空间分布的格局，文化产业在地理上越集中，越能够发挥 MAR 外部性，通过实现专业劳动力共享、提供专业化的供应商与销售商和配套服务、促进企业相互之间的知识外溢与扩散，实现产业内部每个企业技术创新和节约成本，从而提高文化产业的全要素生产率，进而推动整个产业乃至地方经济增长。

（3）区位熵（*LQ*）。区位熵反映的是一省文化产业在全国文化产业中的相对份额，取值越大，意味着该省文化产业的相对规模越大，相对于其他产业而言，文化产业的相对优势越大，一般而言，文化产业的全要素生产率就越高。

（4）赫芬达尔指数倒数（1/*HHI*）。本书借鉴 Kwan WaiKo（2014）等的方法，用赫芬达尔指数的倒数来表示地区产业结构的多样化。在多元化产业结构下，不同的知识、技术和思想相互融合交汇，能够有效地促进创新，同时，发达的制造业、服务业能为文化产业的发展提供原材料、中间产品、销售渠道和市场需求。因此，地区内产业的多元化程度越高，越能发挥产业间的辐射和协同效应，对文化产业全要素生产率产生正向影响。

（5）文化产业园区数量占比（*Num*）。越来越多的企业集聚到一个地区，会加剧该地区的市场竞争程度，而这种竞争会刺激企业不断创新以提高生产率水平。由于缺乏微观企业数据，本书采用各省的文化产业园区的数量来代表企业数量，因为文化产业园区越多，集聚在一起的文化企业也越多，文化产业内的竞争程度越高。

（6）资本投入（K）。采用永续盘存法估算文化产业的固定资产存量，即 $K_t = I_t + (1-\delta)K_{t-1}$，估计基期是2005年，基期固定资本存量 $K_0 = \frac{I_{2005}}{g_{2005-2015}+\delta}$，$I_{2005}$ 是基期文化产业固定资产投资，$g_{2005-2015}$ 是各省文化产业固定资产投资的平均增长率，按照一般的做法，折旧率采用 $\delta = 5\%$。由于缺乏2015年的数据，该年的资本投入根据过去10年的资本投入增长率进行推算。

（7）劳动力投入（L）。与多数文献一样，采用2005—2015年文化产业就业人数平均人数来衡量劳动力投入。

二、数据来源及统计性描述

本书经验数据中关于集聚度、多样化的数据来自第三章的计算，竞争度的数据则来自中国文化创意产业网，资本投入的数据来自2014年全国经济普查数据，2015年的数据根据过去10年的增长率推算而得。劳动力投入的数据来自历年《中国城市统计年鉴》。各个变量的描述性统计情况见表6-5。

表6-5　主要变量的描述性统计情况

变量	定义		观察值	均值	方差	最小值	最大值
ln*TFP*	全要素生产率	—	341	2.3084	0.8496	1.12	5.36
Gini	空间基尼系数	—	341	0.0331	0.0480	0.0002	0.7983
LQ	区位熵	—	341	1.0876	0.6145	0.0005	3.8801
1/*HHI*	赫芬达尔指数倒数	—	341	4.7520	2.0413	0	10.9620

续表

变量	定义		观察值	均值	方差	最小值	最大值
Num	文化产业园区数量占比	%	341	0.0323	0.4277	0	0.2877
K	资本投入	亿元	341	924.6384	164.3742	10.4951	3003.5979
L	劳动力投入	万人	341	56.6777	14.5635	1.5388	340.4137

第四节　回归结果与分析

模型（1）报告了文化产业不同类型的集聚对全要素生产率的普通最小二乘法（Ordinary Least Squares，OLS）估计的结果。代表地区专业化水平的空间 Gini 系数、代表产业专业化水平的 LQ 系数和代表竞争程度的园区数量占比的系数为正，其中空间 Gini 系数和园区数量占比都通过了 1% 的显著性检验，而 LQ 系数通过了 5% 的显著性检验。这说明地区专业化水平和产业专业化水平的提高，确实可以通过共享劳动力市场、专门的供应商、基础设施和加快知识溢出来提高文化产业的全要素生产率水平。相对而言，文化产业园区数量占比的系数比空间 Gini 和 LQ 的系数都大，说明各省市建设文化企业集聚的主题园区，虽然加剧了文化企业之间的竞争，但是显然这种竞争刺激文化企业提高技术水平、服务质量，较大程度上提高了地区文化产业的全要素生产率水平。代表多样化水平的 1/*HHI* 及其二次项没有通过显著性检验，说明 2005—2015 年，文化产业其与他产业之间的联动效应并不明显。文化产业尚未发挥出高度的产业关联性和带动性，其他产业对文化产业的推动作用也有限。发达国家的事实说明，与旅游、信息、服务、金融等行业的融合是文化产业发展的必然趋势，要实现文化产业的快速发展，各省市应该引导和推动文化产业融入一系列相关产业中，实现多个产业之间的资源互补和技术扩散。估计结果显示，资本投入和劳动力投入的系数均为正，且分别通过了5%和10%的显著性检验，值得注意的是，劳动力投入的系数大于资本投入的系数，一定程度上说明在文化产业提高技术水平的过程中，劳动力要素比资本要素的作用更大。文化产业是知识密集型产业，发展过程中劳动力尤其是高学历、高水平的劳动力是推动其发展的主要动力，因此在文化产业发展的过程中，创意阶层的空间分布会直接决定文化产业的发展水平。剔除没有通过显著性检验的多样化水平指标1/HHI，重新进行OLS估计，新的结果见模型（2）。与模型（1）相比，各个变量的系数与模型（1）不但符号一致，数值的变动也并不大，这说明模型比较稳健。空间Gini系数、区位熵LQ、园区数量占比、资本投入和劳动力投入的系数均为正，且都通过显著性检验（见表6－6）。

表6－6　　　　OLS和GLS估计结果

变量	（1）	（2）	（3）	（4）
Gini	0.2020*** （0.0370）	0.2118*** （0.0369）	0.2097*** （0.0355）	0.2166*** （0.0338）
LQ	0.1006** （0.0407）	0.0995** （0.0396）	0.0834** （0.0432）	0.0345*** （0.0391）
$1/HHI$	0.0236 （0.0771）		0.0311 （0.0638）	
$1/HHI^2$	−0.0102 （0.0336）		−0.0297 （0.0553）	
Num	0.5992*** （0.0389）	0.6041*** （0.0354）	0.6007*** （0.0336）	0.6317*** （0.0324）

续表

变量	(1)	(2)	(3)	(4)
K	0.5294* (0.0401)	0.5469* (0.0398)	0.4487* (0.0522)	0.5345*** (0.0326)
L	0.6964** (0.0463)	0.6410*** (0.0443)	0.6817*** (0.0533)	0.0353*** (0.0388)
常数项	5.4245*** (0.4852)	6.3285*** (0.4361)	5.9273*** (0.3952)	5.3532*** (0.3877)
模型	OLS 估计		GLS 估计	
R^2	0.5451			

注：系数值括号里为标准误差值，*、**、*** 分别代表 10%、5% 和 1% 的统计显著水平。

考虑到可能存在的异方差和序列相关问题，本书采用广义最小二乘法（Generalized Least Squares，GLS）对各个变量的系数重新进行估计。估计结果见模型（3），与 OLS 估计相同，除了 $1/HHI$ 的一次项和二次项外，所有变量均通过显著性检验。剔除 $1/HHI$ 的一次项和二次项后重新进行 GLS 估计，结果见模型（4），基本上与模型（3）一致，说明模型的稳定性较好。

第五节　本章小结

关于产业集聚影响产业发展的经验研究中，全要素生产率水平往往是产业发展的代理变量。本章利用 2005—2015 年我国 31 个省市文化产业的面板数据，对不同类型的产业集聚及其外部性对文化产业全要素生产率的影响进行了实证分析，进而为集聚促进文化产业增长寻求经验支持。实证分析的结论主要包括：

（1）各省市文化产业在省内的空间集聚能提高文化产业的全要素生产率水平。目前，我国31个省市文化产业的发展水平整体上呈现出东部—中部—西部逐渐降低的特征，相应地，东部的文化产业空间 *Gini* 系数也远远高于中部和西部。造成这种特征的原因是东部地区凭借优越的经济、地理、文化条件，其文化产业发展快于中、西部，且大都市圈内文化产业空间集聚程度更高。但是不管空间 *Gini* 系数绝对值的大小如何，其不断提高意味着地区内文化产业可以获得空间集聚带来的 *MAR* 外部性，从而提高全要素生产率，最终促进文化产业乃至整个地区的经济增长。

（2）全国文化产业向某些省市的集中能提高文化产业的全要素生产率水平。2005—2015年文化产业的区位熵 *LQ* 呈现出中西部省市整体上高于东部省市的特点，其原因在于相对东部与中、西部地区的总体经济发展水平的差异，文化产业在三大经济区域之间的差异较小，换句话说，相对于降低的经济总量占比而言，中西部地区利用国家文化产业发展战略，通过大力发展文化产业，通过文化产业的辐射效应和拉动效应，逐渐缩小与东部地区的经济发展差距。无论是绝对规模领先的东部地区，还是暂时落后的中西部地区，积极发展文化产业，加强地区文化产业在全国的竞争力，这是提高全要素生产率、最终建设文化强省的必然选择。

（3）文化产业园区的建设有利于提高全要素生产率。在2005—2015年，全国文化产业园区数量急剧膨胀，出现了效率低下、结构同化、功能重复等问题，甚至在某些地区，文化产业园区成为圈地的噱头。基于此，国家文化部于2012年对全国的文化产业园区进行了整顿，撤销了一些园区，全国文化产业园区的建设日益规范。产业园区是产业集聚式发展的重要模式，大量文化企业汇集在园区内，企业间技术、文化、观念、管理模式等的相对学习更容易，这无疑会提高企业以及整体产业的技术水平。同时，园区内企业之间的竞争也会迫使企业进行技术革新、提高产品和服务质量。

（4）加大要素投入尤其是劳动力投入有利于提高全要素生产率水平。文化产业是创新、知识密集型产业，高水平的劳动力对其发展至关重要。各省市在加大人才培养的同时，完善人才利用、吸引制度，通过创意人才的集聚实现产业集聚，进而带动区域经济增长。

第七章 总结与政策建议

第一节　主要结论

从整体上看，2005—2015年，我国各省市文化产业发展迅速，产业增加值、就业人数、对外贸易总规模都显著提高。然而文化产业的集聚程度不高，地区专业化、产业专业化、产业多样化集聚水平都远远低于制造业的集聚水平，且呈现出明显的区域性差异。但无论是东部、中部还是西部地区，绝大多数省份文化产业的集聚水平是在逐步提高的，集聚及其动态外部性对文化产业乃至经济增长的效应逐渐凸显。

从省级层面来看，无论是Gini系数、区位熵LQ还是赫芬达尔指数HHI显示，各省市之间存在着较大的差距。各省市空间Gini的绝对值都较低，但东部地区远远高于中部和西部。从空间Gini的变化趋势上看，东部大部分省市有明显的逐年上升的趋势，中部各省则呈现出逐年下降的特征；西部的大部分省市的空间Gini系数也是不升反降。文化产业区位熵LQ系数显示，2005—2015年，除北京外，东部地区文化产业强省的区位熵系数均低落后于大部分的中西部省市。省级层面的HHI系数也呈现出与区位熵LQ类似的区域性差异，即西部地区文化产业 HHI 较高，东部地区除了北京和海南外，各省市 HHI 都比较低，中部地区 HHI 整体都很低。三个指标衡量的文化产业集聚度的区域性与指标本身的侧重点以及各地的总体经济发展、文化产业发展水平有关。

对 2005—2015 年我国 31 个省市、直辖区文化产业集聚的成因进行的实证分析，得到以下结论：

（1）人力资本不但会提高文化产业的空间集聚水平，而且对文化产业的产业集中水平有着非常显著的积极作用。各省市要发展文化产业、提高文化产业的集聚水平，一方面要加大人力资本投资，提高教育、科学、文化和卫生的投入，培养大量的高质量人才；另一方面要完善人才利用和引进制度，在留住本地高质量人才的同时，积极引进海外、省外人才，通过人力资本的集聚促进产业的集聚。这一点对于中部、西部地区尤为重要。

（2）相关产业对文化产业集聚的促进作用未能充分发挥。除了旅游业对文化产业空间集聚有着积极影响外，其他的相关产业，包括金融业、信息业等，对文化产业的空间集聚以及地区文化产业集中都没有起到推动作用，甚至在省域范围内文化的空间布局上，信息产业的发展还起到了反向的作用。在此后发展中，各省市应该引导和推动文化产业融入一系列相关产业中，使文化、创意成为国民经济的普遍特征。

（3）道路等基础设施的建设与完善能够有效地推动文化产业的空间集聚。各省市应该因地制宜，加强基础设施的建设，提高城市化水平。

（4）政府行为对文化产业的空间集聚和地区文化产业集中都有着重要的影响，其中，各类文化产业园区的建设能极大提高文化产业空间 Gini 系数，而地方政府对文化及相关产业的财政支持则对区位熵 LQ 有着更为显著的积极影响。

利用 2005—2015 年我国 31 个省市文化产业的面板数据，对不同类型的产业集聚及其外部性对文化产业全要素生产率的影响进行了实证分析，结论主要包括：

（1）各省市文化产业在省内的空间集聚以及全国文化产业向某些省市的集中都能够显著提高文化产业的全要素生产率水平。文化产业空间 Gini 系数、区位熵 LQ 不管绝对值的大小，其不断提高意味着地区内文化产业可以获得空间集聚带来的 MAR 外部性、Porter 外部性，从而提高全要素生产率，最终促进文化产业乃至整个地区的经济增长。

（2）文化产业园区的建设有利于提高全要素生产率。产业园区是产业集聚式发展的重要模式，大量文化企业汇集在园区内，企业间技术、文化、观念、管理模式等的相对学习更容易，这无疑会提高企业以及整体产业的技术水平。同时，园区内企业之间的竞争也会迫使企业进行技术革新、提高产品和服务质量。

（3）加大要素投入尤其是劳动力投入有利于提高全要素生产率水平。文化产业是创新、知识密集型产业，高水平的劳动力对其发展至关重要。各省市在加大人才培养的同时，完善人才利用、吸引制度，通过创意人才的集聚实现产业集聚，进而带动区域经济增长。

第二节　政策建议

尽管经过十几年的迅猛发展，我国文化产业初具规模，但是还存在产业规模不够大、发展不够均衡、集聚程度过低、结构不够合理、资源使用效率不高、创新力不足等短板。各省份应充分利用地理、经济、文化等方面的比较优势，切实实施“文化＋”战略，通过集聚式发展模式，将文化产业做大、做强，成为支柱产业、战略性产业。

（1）根据存在的地域性、历史性、经济性差异，中国东中西部三个经济区域在文化产业集聚式发展过程中，应该实施差别化的集聚发展模式：东部地区因为其经济较为发达，吸引外资的能力较强，更容易和国家化接轨，文化产业发展速度和集聚速度较快。今后应该以文化服务业为核心，提高产业内集聚水平，充分发挥MAR外部性，形成以创意人才为纽带的产业集聚与经济增长的联动机制；中部地区无法依靠资金和技术优势进行文化产业集聚，只能依靠自身的旅游资源或历史传统文化进行集聚，西部地区由于自然资源就较为稀缺，文化产业难以集聚，只能依靠政府的西部大开发等政策缓慢发展。西部地区还有大量丰富的旅游资源可供开发，但是由于经济落后，所以开发力度不够，旅游资源和文化产业也很难联系起来，所以政府要加大扶持力度，“东、中、西”各省市的文化产业要相互补充，相互促进。

（2）大力加强文化产业的人力资本投资，以创意人才集聚带动的文化产业集聚。文化产业作为知识、创意、技术密集型产业，高水平的劳动力对其发展至关重要。各省市一方面要加大人力资本投资，提高教育、科学、文化和卫生的投入，培养大量的高质量人才；另一方面要完善人才利用和引进制度，在留住本地高质量人才的同时，积极引进海外、省外人才，通过人力资本的集聚促进产业的集聚。

（3）各省市应该因地制宜，加强基础设施的建设，提高公共服务业的共享效率。地方政府应该做好城市规划，加快对老旧城区和传统工业区的改造升级，融入现代化的建设元素，增强城市整体的文化气息，提升城市的文化形象，便于企业在城市文化气息浓郁的大环境下进行文化产业集聚。同时，提高城市服务业发展水平，支持引导公共服务业的发展，对破坏公共文化环境的行为进行严格管制，在此基础上促进第三产业的发展，第三产业的发展优化了城市的产业结构，增强了社会包容度，给企业发展文化产业提供了合作的机会，促进文化产业和第三产业的融合，在城市里形成多个文化集聚区，可以创造更多的文化市场需求，改变因市场需求饱和而导致的企业投资不足，产业发展缓慢的状态，为企业再次进行文化集聚增加动力。

（4）促进文化产业与其他产业的互动与融合，充分发挥产业多样化集聚对文化产业乃至区域经济的推动作用。在美国、日本、英国等文化产业发达的国家，文化产业与相关产业的融合度高达50%～60%，到本书定稿时止，我国文化产业和相关产业的关联度还没有超过20%，关联度较低是文化产业未来发展的制肘，也大大地削弱了文化产业对区域经济的拉动作用。新常态经济下，各省市应该通过“文化+”，加速文化产业融入实体经济的态势，进一步促进文化产业与旅游业、金融业、信息业、服务业等产业的融合，不仅有利于开拓文化产业的发展空间，而且还有助于推进供给侧结构性改革、推动整个国民经济转型升级。

（5）各地在采取各种措施鼓励文化产业园区建设的同时，也要对其扩张实行规范化管理和适当的约束，以期为文化产业的空间集聚构建良好的平台、创造适宜的环境。针对前几年文化产业园区过度膨胀导致效率低下、资源浪费的乱象，中央政府应该注重重点文化产业的布局，选择一些具有良好经济能力和丰富文化底蕴的城市重点发展文化产业园区，并以其强大的辐射力带动周边地区的文化产业发展；地方政府应该因地制宜，鼓励和帮助有条件的地区利用区位优势，建立特色园区，在提高文化产业集聚水平的同时，避免文化产业园区全面铺开、结构重复的弊端，真正发挥文化产业园区在文化产业集聚式发展中的效应。

参考文献

白重恩，杜颖娟，陶志刚，等，2004. 地方保护主义及产业地区集中度的决定和变动趋势［J］. 经济研究，(4)：29－40.

白积洋，2012. 我国文化产业上市公司资本结构与企业绩效的实证分析［J］. 上海商学院学报，13（5）：26－38.

白积洋，2012. 中国文化产业投资效率的实证检验［J］. 广西财经学院学报，25（5）：21－36.

鲍枫，沈颂东，2013. 文化创意产业竞争力评价与集聚水平的关系分析［J］. 当代传播，(1)：84－86.

鲍枫，2013. 中国文化创意产业集群发展研究［D］. 长春：吉林大学.

毕佳佳，林孔，2013. 我国省域文化产业集聚水平及影响因素分析［J］. 莆田学院学报，20（3）：33－38.

曹清峰，王家庭，杨庭，2014. 文化产业集聚对区域经济增长影响的空间计量分析［J］. 西安交通大学学报，34（5）：51－57.

查华超，赵世同，2012. 文化创意产业集聚过程中的政府作用探析——以安徽合芜蚌地区为例［J］. 湖北经济学院学报，9（2）：37－38.

陈得文，苗健军，2011. 考虑集聚效应的区域技术效率估计及其空间效应分析——基于 SFA－空间面板数据计量模型分析［J］．产业经济研究，（6）：11－18.

陈桂玲，赵倩，2013. 上海文化创意产业集聚效应研究［J］．商业时代，（23）：144－145.

陈铭，笪玮，伍超，2013. 基于文化创意产业园的城市空间集聚研究——西方城市经验对武汉的启示［J］．华中建筑，（7）：105－109.

陈望丹，2013. 多维度多元化发展的文化创意产业建设——以中原经济区的创意产业集聚区建设为例［J］．决策探索，（5）：35－36.

陈燕，李向民，2013. 以我国闲置空间资源特性为导向的文化创意产业集聚——以精神经济学分析为基础［J］．广西经济管理干部学院学报，（4）：26－32.

陈扬，2013. 创新文化经营思路　发挥产业集聚功能——关于建设茂名文化产业城盘活影剧院国有资产的思考［J］．南方论刊，（11）：83－84.

陈志宏，2014. 文化产业集聚区动漫设计教育的师资队伍建设改革刍议［J］．教育与职业，（33）：77－78.

池建宇，姚林青，2013. 北京市文化创意产业集聚效应的实证分析［J］．中央财经大学学报，（8）：75－78.

戴钰，2013. 湖南省文化产业集聚及其影响因素研究［J］．经济地理，33（4）：114－119.

戴钰，2012. 文化产业空间集聚研究——以湖南地区为例［D］．武汉：武汉理工大学.

邓艾，袁金辉，2017. MAR 及 Jacobs 型外部性与区域工业增长实证研究——基于甘肃的经验证据［J］. 西北民族大学学报，(3)：53－58.

邓俊荣，龙蓉蓉，2013. 集聚视角下西安文化创意产业发展研究［J］. 西安电子科技大学学报，23（4）：13－17.

董亚娟，2012. 区域文化产业效率的影响因素研究——基于随机前沿模型的分析［J］. 商业经济与管理，(7)：29－39.

段进军，蔡全记，王常雄，2006. 经济学视角下的产业集聚理论反思［J］. 社会科学战线，(4)：275－278.

范剑勇，冯猛，李方文，2014. 产业集聚与企业全要素生产率［J］. 世界经济，(5)：51－73.

范剑勇，2006. 产业集聚与地区间劳动生产率差异［J］. 经济研究，(11)：72－81.

范霞，2006. 上海创意产业及其集聚发展研究［D］. 上海：华东师范大学.

方波，2013. 发挥文化统战软实力　助推产业集聚强经济［J］. 中国统一战线，(10)：47－48.

高学武，李淑敏，2014. 我国文化产业发展轨迹、阶段特征和效率评价［J］. 财经问题研究，(6)：36－43.

龚关，胡关亮，2013. 中国制造业资源配置效率与全要素生产率［J］. 经济研究，(4)：4－15.

关爱萍，张宇，2015. 中国制造业产业集聚度的演进态势：1993－2012——基于修正的 E－G 指数［J］. 产经评论，6（4）：15－27.

郭美晨，2014. 中国文化创意产业集聚化发展的路径探索［J］. 济宁学院学报，35（2）：118－122.

郭淑芬，郝言慧，王艳芬，2014. 文化产业上市公司绩效评价——基于超效率 DEA 和 Malmquist 指数［J］. 经济问题，（2）：75－78.

郭淑芬，裴耀琳，2016. 中国内地 31 省市文化产业创新绩效区域比较——基于过程视角［J］. 科技进步与对策，33（4）：31－37.

郭淑芬，王艳芬，黄桂英，2015. 中国文化产业效率的区域比较及关键因素［J］. 宏观经济研究，（10）：111－119.

郭新茹，顾江，2014. 科技创新与文化产业生产效率的协整分析基于我国 31 个省市面板数据的实证研究［J］. 南京社会科学，（5）：143－149.

郭新茹，2013. 我国文化产业嵌入 GVC 现状研究：基于技术含量的测度［J］. 文化产业研究，（00）：12－20.

韩枫，柯善咨，2012. 追踪我国制造业集聚的空间来源：基于马歇尔外部性与新经济地理的综合视角［J］. 管理世界，（10）：55－70.

韩啸，2012. 河南文化创意产业集聚区的发展及对策［J］. 新闻爱好者，（12）：15－16.

韩学周，马萱，2012. 基于 DEA 模型的中国文化产业发展效率研究［J］. 云南财经大学学报，（3）：146－153.

何桂香，2014. 产业集聚对中国高新技术产业出口复杂度影响研究［D］. 长沙：湖南大学.

何勇军，傅利平，2013. 基于系统动力学的文化产业

集聚仿真模型［J］．求索，(10)：5－8.

贺灿飞，梁进社，张华，2005. 区域制造业集群的辨识——以北京市制造业为例［J］．地理科学，25 (5)：521－528.

贺灿飞，谢秀珍，2006. 中国制造业地理集中与省区专业化［J］．地理学报，61 (2)：212－222.

贺媛媛，刘军，2013. 基于价值链的文化创意产业集聚发展路径分析［J］．中国高新技术企业，(1)：1－3.

侯黎鹏，2015. 区域特色文化产业集聚的动因及其培育［J］．内蒙古电大学刊，(4)：24－26.

侯小桥，2013. 河南省文化创意产业集聚发展策略研究［J］．黑河学刊，(10)：28－29.

胡慧源，高莉莉，2013. 反思文化产业集聚区：异质性及其政策选择［J］．东岳论丛，34 (4)：13－17.

胡慧源，2014. 相关多样性、行业异质性与文化产业集聚——基于江苏分行业数据的实证研究［J］．上海财经大学学报，16 (4)：36－43.

胡玫，刘春生，陈飞，2015. 产业集聚对中国企业全要素生产率的影响——基于广东省制造业的实证研究［J］．经济问题，(4)：78－82.

华正伟，2012. 我国创意产业集群与区域经济发展研究［D］．长春：东北师范大学．

黄天蔚，2014. 文化创意产业集群形成机理研究［D］．武汉：武汉理工大学．

黄永兴，徐鹏，2011. 经济地理、新经济地理、产业政策与文化产业集聚：基于省级空间面板模型的分析［J］．经济经纬，（6）：47－51.

黄永兴，徐鹏，2014. 中国文化产业效率及其决定因素：基于 Bootstrap－DEA 的空间计量分析［J］．数理统计与管理，33（3）：457－466.

霍珺，朱喆，陈嘉晔，等，2017. 文化创意产业集聚城市历史街区因素分析［J］．美术大观，（7）：68－69.

简泽，张涛，伏玉林，2014. 进口自由化、竞争与本土企业的全要素生产率——基于中国加入 WTO 的一个自然实验［J］．经济研究，（8）：120－132.

简泽，2011. 企业间的生产率差异、资源再配置与制造业部门的生产率［J］．管理世界，（5）：11－23.

姜照君，2016. 文化创意产业空间集聚与层级分工——基于江苏省 13 个地级市的数据［J］．福建论坛，（2）：69－77.

蒋萍，王勇，2011. 全口径中国文化产业投入产出效率研究——基于三阶段 DEA 模型和超效率 DEA 模型的分析［J］．数量经济技术经济研究，（12）：69－81.

开集，2015. 创新开发模式　培育产业集群——开滦集团建设中国矿业文化旅游产业集聚区［J］．共产党员（河北），（1）：38－39.

乐祥海，陈晓红，2013. 中国文化产业技术效率度量研究：2000－2011 年［J］．中国软科学，（1）：143－148.

乐祥海，2012. 文化产业投资影响因素测量指标体系研究［J］．求索，（2）：29－31.

乐祥海，2012. 文化产业投资影响因素与绩效的关系研究［J］. 财务与金融，(5)：11－16.

乐祥海，2013. 我国文化产业投资模式研究［D］. 长沙：中南大学.

乐祥海，2013. 中部六省区域文化产业竞争力评价研究：2009—2011［J］. 系统工程，31（3）：52－58.

雷宏振，潘龙梅，雷蕾，2012. 中国文化产业空间集聚水平测度及影响因素研究——基于省际面板数据的分析［J］. 经济问题探索，(2)：35－41.

雷宏振，邵鹏，潘龙梅，2012. 我国文化产业集聚度测算及其分布特征研究——基于省际面板数据的分析［J］. 经济经纬，(1)：42－46.

李爱民，刘家文，2012. 新疆文化创意产业发展的挑战与出路——新疆七坊街文化创意产业集聚园区的调查与分析［J］. 新疆师范大学学报，33（1）：35－39.

李国璋，戚磊，2011. 离岸和本土中间投入对中国工业行业生产率的影响［J］. 中国工业经济，(5)：80－89.

李君华，2009. 学习效应、拥挤性、地区的分工和集聚［J］. 经济学（季刊），(3)：787－812.

李文秀，胡继明，2008. 中国服务业集聚实证研究及国际比较［J］. 武汉大学学报，61（2）：213－219.

李翔，2012. 文化创意产业园区/集聚区与创新型城市建设［J］. 生产力研究，(6)：128－144.

李兴江，孙亮，2013. 中国省际文化产业效率的区域差异分析［J］. 统计与决策，(20)：124－128.

李学鑫，史本林，2013. 加快河南乡村文化产业集聚区建设战略对策研究［J］. 商丘师范学院学报，29（3）：78－82.

李雪松，孙博文，2015. 密度、距离、分割与区域市场一体化——来自长江经济带的实证［J］. 宏观经济研究，（6）：117－128.

厉无畏，2012. “文化创意产业与城市转型发展：空间集聚・机制路径・政策新举”专题［J］. 社会科学，（7）：31－39.

廉睿，杨修，2015. 论我国文化产业集聚的不平衡性——基于中国31个省（自治区、直辖市）数据的实证研究［J］. 郑州轻工业学院学报，16（3）：69－75.

梁博雅，2014. 文化创意产业集聚动力机制研究——以成都市为例［D］. 成都：西南财经大学.

梁君，陈显军，2012. 广西文化产业集聚度实证研究［J］. 广西社会科学，（5）：43－46.

廖文杰，2015. 文化创意产业集聚区旅游休闲功能构建［J］. 商业经济研究，（20）：138－139.

林冰，刘福祥，赵洪宝，2015. 产业集聚的生产率效应对中国制造业出口竞争力影响研究［J］. 东华经济管理，29（10）：109－115.

林佳显，2013. 空间随机前沿模型及技术效率和生产率估计研究［D］. 广州：华南理工大学.

林拓，蒋云飞，虞阳，2012. 从空间聚合到价值聚变：我国文化创意产业集聚区发展的重要命题［J］. 江南大学学报，11（1）：62－89.

林玮，2013.“准文化产业”如何实现集聚优势——以茶文化产业为个案分析［J］. 中南大学学报，19（3）：12－16.

刘冰峰，2013. 文化创意产业集聚模式的探索与构建［J］. 商业时代，(20)：119－120.

刘洪铎，2016. 产业集聚对出口技术复杂度的影响研究［J］. 中国社会科学院研究生院学报，(4)：39－47.

刘丽影，路剑，2013. 河北省文化产业集聚区发展对策研究［J］. 石家庄经济学院学报，36（4）：47－49.

刘珊，2014. 我国文化产业空间集聚变化趋势及其影响因素［J］. 商业时代，(26)：118－119.

刘艳萍，2010. 产业集聚、企业规模与全要素生产率增长——基于长三角制造业行业面板数据的分析［J］. 技术经济，29（2）：54－59.

卢志刚，2014. 集聚区视角的长三角文化创意产业一体化研究［J］. 中国发展，14（5）：79－82.

鲁小伟，毕功兵，2014. 基于主成分分析法的区域文化产业效率评价［J］. 统计与决策，(1)：63－65.

鲁晓东，连玉君，2012. 中国工业企业全要素生产率估计：1999－2007［J］. 经济学（季刊），11（2）：541－558.

陆治原，2006. 产业集聚理论的历史发展与展望［J］. 生产力研究，(9)：199－203.

马萱，韩学周，2012. 我国区域文化产业竞争优势与劣势［J］. 中国青年政治学院学报，(2)：84－89.

马萱，郑世琳，2010. 中国区域文化产业效率研究综述与展望［J］. 经济学动态，(3)：83－86.

马跃如，白勇，程伟波，2012. 基于SFA的我国文化产业效率及影响因素分析［J］. 统计与决策，(8)：97－101.

毛江南，2012. 产业集聚影响出口竞争力研究——基于浙江制造业的面板数据分析［D］. 宁波：宁波大学.

倪焱，刘丙孜，唐艳昕，2013. 杭州市文创产业集聚现状及趋势调研——以之江文化创意产业园为例［J］. 杭州科技，(6)：37－43.

聂辉华，贾瑞雪，2011. 中国制造业企业生产率与资源误置［J］. 世界经济，(7)：27－42.

潘冬青，樊丽淑，胡琦，2012. 宁波文化创意产业集聚发展现状的调研［J］. 经济导刊，(3)：82－83.

潘文卿，刘庆，2012. 中国制造业产业集聚与地区经济增长——基于中国工业企业数据的研究［J］. 清华大学学报，27（1)：137－147.

庞丽，李显君，2012. 汽车产业集聚影响因素的实证研究［J］. 统计与决策，(19)：130－132.

彭辉，2012. 版权保护与文化产业集聚关系的理论与实证分析［J］. 宁波广播大学学报，10（1)：28－35.

萍乡市烟花爆竹产业调研工作组，2013. 关于烟花爆竹产业集聚及其文化创意产业化发展的调研报告［J］. 花炮科技与市场，(4)：35－46.

邱高会，2014. 集聚视角下成都市文化创意产业发展研究［J］. 西南民族大学学报，(6)：161－165.

曲妍，2013. 文化产业集聚效应的城市体现——兼论天津文化产业的集聚发展［J］. 生产力研究，(1)：154－192.

任青丝，2014. 河南旅游产业集群集聚程度研究［J］. 开封学院学报，34（4）：285－288.

任英华，沈凯娇，游万海，2015. 不同空间权重矩阵下文化产业集聚机制和溢出效应——基于2004—2011年省际面板数据的实证［J］. 统计与信息论坛，30（2）：82－87.

邵培仁，杨丽萍，2010. 中国文化创意产业集群及园区发展现状与问题［J］. 文化产业导刊，(5)：62－69.

邵校，海峰，2013. 我国物流产业集聚实证研究［J］. 物流工程与管理，35（10）：10－13.

沈佩琼，2014. 文化创意产业的集聚模式与温州城市发展［J］. 产业与科技论坛，13（13）：21－24.

施燕萍，王哲，王永健，2013. 文化创意产业集聚发展思考——以太仓大学科技园为例［J］. 江苏科技信息，(4)：7－8.

宋建伟，张鸿，2014. 文化产业空间集聚探析——以娲皇宫为例［J］. 黄河科技大学学报，16（6）：114－117.

苏畅，2013. 文化产业集聚与发展的分析及建议［J］. 中国商贸，(25)：163－164.

孙洁，2012. 文化创意产业集聚动力机制研究［D］. 上海：上海社会科学院.

孙洛平，孙海琳，2006. 产业集聚的交易费用模型

[J]. 经济评论，(4)：111-117.

孙浦阳，韩帅，许启钦，2013. 产业集聚对劳动生产率的动态影响 [J]. 世界经济，(53)：35-53.

孙智君，李响，2015. 文化产业集聚的空间溢出效应与收敛形态实证研究 [J]. 中国软科学，(8)：173-183.

孙智君，李响，2015. 长江经济带文化产业集聚水平测度及影响因素研究 [J]. 学习与实践，(4)：49-58.

谭娜，彭飞，2016. 文化创意产业集聚区影响区域文化产业优势形成的实证分析 [J]. 中国科技论坛，(5)：97-102.

陶琳，张春河，麻颖智，2012. 我国文化产业园区有效集聚形态 [J]. 河北联合大学学报，12 (1)：59-61.

田敏敏，2013. 我国文化创意产业的空间集聚特征及其效率研究 [D]. 杭州：浙江财经大学.

田素妍，周力，章棋，2012. 产业集聚与中国水产品出口竞争力研究——基于 VAR 模型的广义脉冲分析 [J]. 江苏农业科学，40 (8)：374-377.

王晗，2016. 文化产业集聚：评价、效应与政策——以辽宁省为例 [J]. 经济与管理，30 (4)：36-41.

王家庭，高珊珊，2012. 我国农村文化产业效率评估的实证研究 [J]. 江西财经大学学报，(1)：81-88.

王家庭，季凯文，2009. 中国城市创意产业的投入产出效率评价 [J]. 西安交通大学学报，29 (3)：49-55.

王家庭，季凯文，2009. 中国城市土地集约利用的影响因素分析——基于 34 个典型城市数据的实证研究

[J]. 经济地理，29（7）：1172－1176.

王家庭，李海燕，2013. 我国公共文化服务事业全要素生产率的动态研究——以图书馆业为例［J］. 图书馆建设，(1)：5－10.

王家庭，孙哲，2013. 教育投入与文化产业发展：基于省际数据的区域差异研究［J］. 教育科学，29（3）：1－7.

王家庭，杨庭，2013. 我国文化产业上市公司技术效率及其影响因素的实证研究［J］. 天津商业大学学报，33（4）：3－9.

王家庭，张容，2009. 基于三阶段 DEA 模型的中国 31 省市文化产业效率［J］. 中国软科学，(9)：75－82.

王家庭，张容，2010. 我国文化产业发展影响因素及提升路径的区域分析［J］. 统计与决策，(2)：79－81.

王家庭，2012. 区域文化产业的影响因素及其作用机理研究［J］. 中共南京市委党校学报，(1)：92－97.

王家庭，2013. 我国农村文化产业全要素生产率的动态研究［J］. 岭南学刊，(3)：85－92.

王嘉琦，2015. “一带一路”战略产业结构模式（下篇）——城镇文化庄园经济集聚带［J］. 中国房地产，(8)：40－45.

王珏辉，2013. 服务业区域集聚和区位优势的研究——以吉林省为例［J］. 价格理论与实践，(10)：86－87.

王猛，王有鑫，2015. 城市文化产业集聚的影响因素研究——来自 35 个大中城市的证据［J］. 江西财经大学学报，(1)：12－20.

文东伟，冼国明，2014. 中国制造业产业集聚的程度及其演变趋势：1998－2009 年［J］. 世界经济，(3)：3－31.

文国荣，张晓盈，2015. 基于区位熵的江西省文化创意产业集群水平研究［J］. 老区建设，(24)：36－39.

吴凌飞，2009. 中国制造业产业集聚效率评价及其生产要素合理配置研究［D］. 杭州：浙江工业大学.

吴明琴，童碧如，2016. 产业集聚与企业全要素生产率：基于中国制造业的证据［J］. 产经评论，(4)：30－44.

吴威，2014. 创意产业与区域经济增长互动发展研究［D］. 长春：吉林大学.

吴延兵，米增渝，2011. 创新、模仿与企业效率——来自制造业非国有企业的经验证据［J］. 中国社会科学，(4)：77－94.

吴延兵，2006. R&D 与生产率——基于中国制造业的实证研究［J］. 经济研究，(11)：60－71.

冼国明，文东伟，2006. FDI、地区专业化与产业集聚［J］. 管理世界，(12)：18－31.

肖博华，李忠斌，2013. 民族地区文化产业集聚度测算及影响因素分析［J］. 中国人口资源与环境，(S1)：32－37.

肖博华，李忠斌，2014. 我国文化产业区域集聚度测算及影响因素研究［J］. 统计与决策，(18)：94－97.

肖怀德，2014. 文化创意产业集聚：超越传统“产业集聚”的路径探索［J］. 现代传播，(4)：114－117.

肖怀德，2014. 我国西部文化产业集聚发展问题探究

[J]. 甘肃社会科学, (2): 177 - 180.

谢千里, 罗斯基, 张轶凡, 2008. 中国工业生产率的增长与收敛 [J]. 经济学 (季刊), 7 (3): 809 - 826.

谢倩, 王慧, 2013. 文化创意产业集聚区的旅游价值 [J]. 山东工商学院学报, 2 (27): 30 - 38.

谢永琴, 肖雅薇, 2014. 基于 CES 模型的北京市文化创意产业集聚效应分析 [J]. 企业经济, (5): 101 - 105.

徐锦江, 李君娜, 2015. 文化种子播向产业集聚区——"陆家嘴文化氛围营造" 样本探索 [N]. 解放日报, 2015 - 3 - 11 (1).

徐明亮, 2014. 城市文化创意产业集聚区发展的个案研究 [J]. 经济研究导论, (10): 33 - 35.

徐文娟, 钟立新, 2015. 基于空间变换的产业集聚计量模型及实证检验 [J]. 统计与决策, (15): 131 - 134.

徐文燕, 张玉兰, 2013. 基于 DEA 的文化产业投入与产出效率趋势实证研究——以江苏 2004—2010 年文化产业投入产出数据为例 [J]. 南京财经大学学报, (5): 51 - 55.

徐文燕, 周玲, 2013. 基于 DEA 方法的文化旅游资源开发利用效率评价研究——以 2010 年江苏文化旅游业投入产出数据为例 [J]. 哈尔滨商业大学学报, (3): 96 - 104.

徐文燕, 周佩, 2012. 文化产业园区的集聚效应与全产业链发展模式分析 [J]. 南京财经大学学报, (5): 104 - 108.

徐文燕，2013. 基于文化产业特殊性视角的文化产业政策取向——以江苏文化产业政策文本为例［J］. 现代经济探讨，(8)：19 -23.

宣烨，宣思源，2012. 产业集聚、技术创新途径与高新技术企业出口的实证研究［J］. 国际贸易问题，(5)：136 -146.

薛东前，张志杰，郭晶，等 2015. 西安市文化产业集聚特征及机制分析［J］. 经济地理，35（5)：92 -97.

杨楷，2014. 产业集聚对我国出口贸易技术水平的影响研究——基于制造业样本行业面板数据［D］. 北京：首都经济贸易大学.

杨克升，马海霞，2013. 贵州文化旅游产业集聚区建设的战略价值［J］. 贵州社会科学，(3)：81 -83.

杨仁发，2013. 产业集聚与地区工资差距——基于我国 269 个城市的实证研究［J］. 管理世界，(8)：41 -52.

杨卫武，毛润泽，2015. 文化产业集聚、经济增长与地区差异——基于省级面板数据的回归分析［J］. 上海师范大学学报，44（4)：34 -42.

杨永忠，林娜萍，林明华，2011. 创意园区集聚：一个新经济地理学的分析框架［J］. 云南财经大学学报，(2)：99 -104.

杨宇，王子龙，许箫迪，2014. 文化产业集聚的空间经济模型与实证检验［J］. 经济问题探索，(7)：55 -62.

杨宇，王子龙，许箫笛，2014. 文化产业集聚水平测度的实证研究［J］. 东华经济管理，28（2)：69 -73.

杨祖义，2016. 文化产业效率及其影响因素研究——基于 DEA – Malmquist 指数法和 Sys – GMM 法［J］. 宏观经济研究，(6)：96 – 104.

叶武跃，林宪生，2013. 辽宁省特色海洋文化产业的集聚化发展模式探讨［J］. 海洋开发与管理，(10)：98 – 102.

尹宏，2013. 文化创意产业集聚的空间演化研究［J］. 四川师范大学学报，40（2）：39 – 45.

尹向飞，段文斌，2016. 中国全要素生产率的来源：理论构建和经验数据［J］. 南开经济研究，(1)：95 – 116.

余淼杰，2010. 中国的贸易自由化与制造业企业生产率［J］. 经济研究，(12)：97 – 110.

余文涛，2014. 创意产业集聚对区域创新与生产效率的影响［D］. 合肥：中国科学技术大学.

余振，赵梦婷，2013. 文化创意产业集聚区与国家中心城市建设——国内经验及其对武汉的启示［J］. 湖北社会科学，(11)：70 – 72.

喻莎莎，2013. 河南省文化产业集聚度测算及其特征研究［J］. 中国管理科学，21（S2）：557 – 562.

喻莎莎，2013. 论文化产业集聚对我国区域经济发展的影响［J］. 商业时代，(20)：116 – 118.

袁冬梅，魏后凯，于斌，2012. 中国地区经济差距与产业布局的空间关联性——基于 Moran 指数的解释［J］. 中国软科学，(12)：90 – 102.

袁海，曹培慎，2011. 中国文化产业区域集聚的空间计量分析［J］. 统计与决策，(10)：77－80.

袁海，吴振荣，2012. 中国省域文化产业效率测算及影响因素实证分析［J］. 软科学，26（3）：72－77.

袁海，2012. 文化产业集聚的形成及效应研究［D］. 西安：陕西师范大学.

袁海，2010. 中国省域文化产业集聚影响因素实证分析［J］. 经济经纬，(3)：65－67.

袁海，2011. 中国文化产业区域差异的空间计量分析［J］. 统计与信息论坛，26（2）：65－72.

袁家菊，2014. 我国文化创意产业集聚区空间演化的动力和策略［J］. 社会科学家，(10)：74－96.

袁俊，2013. 中国文化产业空间集聚水平及其影响因素研究［J］. 技术经济与管理研究，(11)：102－107.

原孟，2013. 推进河南文化产业集聚发展论坛在郑州召开［J］. 中原文化研究，(5)：99.

战炤磊，王凯，2012. 产业集聚、企业规模与农产品加工业全要素生产率”——来自江苏的证据［J］. 中南财经政法大学学报，(5)：134－140.

张变玲，2014. 相关多样性、行业异质性与文化产业集聚——基于江苏分行业数据的实证研究［D］. 重庆：重庆大学.

张达，2014. 文化创意产业集聚区研究述评［J］. 特区经济，(9)：219－222.

张国峰，王永进，李坤望，2016. 产业集聚与企业出口：基于社交与沟通外溢效应的考察［J］. 世界经济，

(2)：48－74.

张杰，李克，刘志彪，2011. 市场化转型与企业生产效率——中国的经验研究［J］. 经济学（季刊），(2)：571－602.

张杰，李勇，刘志彪，2008. 出口与中国本土企业生产率——基于江苏制造业企业的实证分析［J］. 管理世界，(11)：50－64.

张杰，李勇，刘志彪，2009. 出口促进中国企业生产率提高吗？——来自中国本土制造业企业的经验证据：1999—2003［J］. 管理世界，(12)：11－26.

张洁瑶，2016. 文化创意产业集聚的知识流动路径分析［J］. 企业经济，(2)：109－112.

张凌云，2012. 西方文化（产业园）区利益相关方研究——以斯特拉特为例［D］. 青岛：山东大学.

张明倩，臧燕阳，张琬，2007. 传统贸易理论、新贸易理论和新经济地理框架下的产业集聚现象［J］. 经济地理，27（6）：956－960.

张荃香，2012. 论文化产业集聚区企业融资新途径［J］. 财会月刊，(12)：35－37.

张仁汉，2013. 人才集聚效应：文化创意产业发展的新引擎［J］. 浙江经济，(9)：36－37.

张仁寿，黄小军，王朋，2011. 基于 DEA 的文化产业绩效评价实证研究——以广东等 13 个省市 2007 年投入产出数据为例［J］. 中国软科学，(2)：183－192.

张睿，瞿群臻，2013. 我国海洋文化产业及其人才集聚模式优化研究［J］. 物流工程与管理，35（2）：117－119.

张文正，窦素梅，2014. 基于增长极理论的河南省旅游产业集聚区建设研究——以永城芒砀山汉文化旅游产业集聚区建设为例［J］. 旅游纵览，（4）：159－160.

张先锋，刘有璐，杨新艳，等，2016. 动态外部性、集聚模式对城市福利水平的影响［J］. 城市问题，（3）：4－12.

张小稳，2013. 京沪深文化创意产业集聚区的建设经验对河南省的启示［J］. 郑州轻工业学院学报，14（1）：84－90.

章韬，2012. 经济地理、产业集聚与全要素生产率空间差异——基于宏、微观数据的研究［D］. 上海：复旦大学.

赵蕾，王青，2013. 基于文化与科技产业融合的城市发展新格局探讨——以南京市文化与科技融合重点产业集聚区规划引导为例［J］. 规划师，（S2）：61－64.

赵娜，林宪生，周娇，2013. 辽宁沿海经济带文化产业集聚水平及其影响因素分析［J］. 海洋经济，3（6）：28－33.

赵星，刘军辉，马骥，2016. 我国文化产业集聚的动力机制分析——基于空间经济学TP模型的方法［J］. 西南民族大学学报，（4）：106－115.

赵星，赵仁康，董帮应，2014. 基于ArcGIS的我国文化产业集聚的空间分析［J］. 江苏社会科学，（2）：52－58.

赵星，2014. 我国文化产业集聚的动力机制研究——基于空间经济学视角［D］. 南京：南京师范大学.

郑国楠，2013. 基于问卷调查的北京 798 文化创意产业集聚区影响力研究［J］. 科技与企业，(13)：6 – 7.

郑敏，2013. 建设世界城市：引导文化创意产业集聚区建设——基于北京文化创意产业的视角［J］. 新西部，(14)：52 – 53.

郑祎，2012. 我国文化产业集聚影响因素的实证分析与对策研究［J］. 科技信息，(18)：116 – 117.

钟祖昌，2011. 空间经济学视角下的物流业集聚及影响因素——中国 31 个省市的经验证据［J］. 山西财经大学学报，33，(11)：55 – 62.

周婉京，2014. 从文化创意产业集聚区看"文化丰台"的强势崛起［J］. 科教导刊，(4)：9 – 12.

朱新亚，2013. 神垕镇钧瓷文化产业集聚现状及发展态势分析［J］. 牡丹江教育学院学报，(5)：129 – 130.

朱学红，曾滴，丰超，2016. 中国全要素生产率的产业异质性、区域差异及空间布局优化［J］. 商业研究，(5)：1 – 8.

A J SMITH，2010. The competitive advantage of nations：is Porter's Diamond Framework a new theory that explains the international competitiveness of countries？［J］. Southern african business review，14 (1)：105 – 130.

ALONSO – VILLAR OCHA，ORRO – RIVAS，J – M AND GONZALEZ – CERDEIRA X，2004. Agglomeration economies in manufacturing industries: the case of Spain [J]. Applied economics, 36: 2103 -2116.

ANTHONY J VENABLES, 1994. Economic integration and industrial agglomeration [J]. The economic and social review, 26 (1): 1 -17.

BATISSE, C, 2002. Dynamic externalities and local growth: a panel data analysis applied to chinese provinces [J]. China economic review, 13 (2 -3): 231 -251.

BEAUDRY C, SCHIFFAUEROVA A, 2008. Who's right, Marshall or Jacobs? The localization versus urbanization debate [J]. Research policy, 38 (2): 318 -337.

BERGSMAN J, GREENSTON P, HEALY R, 1972. The agglomeration process in urban growth [J]. Urban studies, (9): 263 -288.

BERGSMAN J, GREENSTON P, HEALY R, 1975. A classification of economic activities based on location patterns [J]. Journal of urban economics, (2): 1 -28.

BESAG J E, 1977. Comments on ripley's paper [J]. Journal of the royal statistical society b, 39: 193 -195.

BIESEBROECK, J V, 2005. Firm size matters: growth and productivity growth in African manufacturing [J]. Economic development & cultural change, 53 (3): 545 -83.

BLINJ, COHEN C, 1977. Technological similarity and aggregation in input output systems [J]. The review of economics and statistics, (29): 82 -91.

BRULHART M & F SBERGAMI, 2006. Agglomeration and growth: empirical evidence [J]. Etsg working paper.

CAMBELL J, 1972. Growth pole theory, digraph analysis and net – industry relationships [J]. Tijdschrift voor economische en sociale geografie, (63): 79 – 87.

CARLINO, G A, CHATTERJEE, et al. , 2006. Urban density and the rate of invention [J]. Working papers, 61 (3): 389 – 419.

CHEN, B R, WU, et al. , 2014. Industrial agglomeration and employee compliance with social security contribution: evidence from china [J]. Journal of regional Science, 54 (4): 586 – 605.

CICCONE, A & R HALL, 1996. Productivity and the density of economic activity [J]. American economic Review, 86 – 54.

CICCONE, A, 2002. Agglomeration effects in Europe [J]. European economic review, 46 (2): 213 – 227.

COMBES, P P, 2000. Economic structure and local growth: France, 1984 – 1993 [J]. Journal of Urban Economics, 47 (3): 329 – 355.

COMBES, P P, OVERMAN, et al. , 2004. The spatial distribution of economic activities in the European Union, in J. F. Thisse and J. V. Henderson (Eds) [J]. Handbook of regional and urban economics, 4.

CZAMANSKI S, 1974. Study of clustering of industries,

institute of public affairs, Dalhousie University, Halifax, Canada.

CZAMANSKI, STAN AND ABLAS, LIUZ AUGUSTO DE Q, 1979. Identification of industrial clusters and complexes: a comparison of methods and findings [J]. Urban studies, 16, 61-80.

DEKLE R, 2002. Industrial concentration and regional growth: evidence from the prefectures [J]. The review of economics and statistics, 84 (2): 311-315.

DESROCHERS P, LEPPALA S, 2011. Opening up the 'Jacobs Spillovers' black box: local diversity, creativity and the processes underlying new combinations [J]. Journal of economic geography, (11): 843-863.

DONALD R DAVIS, DAVID E WEINSTEIN, 2000. International trade as an "integrated equilibrium": new perspectives [J]. Empirical testing of trade theories, 90 (2): 150-154.

DONALD R DAVIS, DAVID E WEINSTEIN, 2002. Bones, bombs, and break points: the geography of economic activity [J]. The American Economic Review, (12): 1269-1289.

DONALD R DAVIS, DAVID E WEINSTEIN, 2003. Market access, economic geography and comparative advantage: an empirical test [J]. Journal of international economic, (59): 1-23.

DURANTON, G AND OVERMAN, H G, 2005. Testing

for localization using micro - geographic data [J]. Review of economic studies, 72, 1077 - 1106.

DURANTON, G, PUGA, et al., 2000. Diversity and specialisation in cities why, where and when does it matter? [J]. Urban studies, 37 (3): 533 - 555.

EDGAR M HOOVER, 1936. The measurement of industrial localization [J]. Review of economics and statistics, 18 (4): 162 - 171.

EJERMO O, 2004. Technological diversity and jacob's externality hypothesis revised [J]. Electronic working paper series, (16): 1 - 37.

EJERMOO, 2005. Technological diversity and jacob's externality hypothesis revisited [J]. Growth and change, (2): 1 - 43.

ELLISON G, EDWARD L. GLAESER, WILLIAM R. KERR, 2010. What causes industry agglomeration? Evidence from coagglomeration patterns [J]. American economic review, (100): 1195 - 1213.

ELLISON G, EDWARD L. GLAESER, 1994. Geographic concentration in U. S. manufacturing industries: A dartboard approach [J]. NBER working paper, 1 - 49.

ELLISON G, GLAESER, E L, 1997. Geographic concentration in U. S. Manufacturing Industries: a dartboard approach [J]. Journal of political economy, 105 (5): 889 - 927.

FAN C, SCOTT A, 2003. Industrial agglomeration and development: a survey of spatial economic issues in East Asia and a statistical analysis of Chinese regions [J]. Economic geography, 79: 295 -319.

FAN, C C, SCOTT, et al. , 2003. Industrial agglomeration and development: a survey of spatial economic issues in East Asia and a statistical analysis of chinese regions [J]. Economic geography, 79 (79): 295 -319.

FERNANDES, A M, 2008. Firm productivity in bangladesh manufacturing industries [J]. World development, 36 (10): 1725 -1744.

FINGLETON B, IGLIORI D C, MOORE B, 2002. Employment growth of small computing service firms and the role of horizontal clusters: evidence from great Britain 1991 - 2000, paper presented at the Regional Science Associatio n: British and Irish Section 32nd annual conference, Brighton.

FLORIDA, R L, 2009. Who's your city? how the creative economy is making? Where to Live? ——the most important decision of your life, Toronto, Vintage Canada.

GERBEN VAN DER PANNE, 2004. Agglomeration externalities: marshall versus jacobs [J]. Journal of evolutionary economics, (14): 593 -604.

GLAESER, E, KALLAL, et al. , 1992. Growth in cities [J]. Journal of political economy 100: 1126 -1152.

HEAD K, May T, 2004. The empirics of agglomeration

and trade [J]. Handbook of regional and urban economics, 2609 – 2669.

HENDERSON V, 1997. Externalities and industrial development [J]. Journal of urban economics, (3): 449 – 470.

HENDERSON, J, 2003. Marshall's scale Eeonomies [J]. Journal of urban economics, 53 (1): 1 – 28.

HENDERSON, V, LEE, et al., 2001. Scale externalities in Korea [J]. Journal of urban economics, (49): 479 – 504.

HENDERSON, V, KUNCORO, et al., 1995. Industrial development in cities [J]. Journal of political economy, (103): 1067 – 1085.

HENDERSON, V, 1986. Efficiency of resource usage and city size [J]. Journal of urban economics, (19): 47 – 70.

HOLMES T, STEVENS J, 2002. Geographic concentration and establishment scale [J]. The review of economics and statistics, 84: 682 – 690.

HSIEH, C, KLENOW, et al., 2007. Misallocation and manufacturing TFP in China and India [J] Quarterly journal of economics, 124 (4): 1403 – 1448.

HU, C, XU, et al., 2015. Agglomeration and productivity in China: firm level evidence [J]. China economic review, 33: 50 – 66.

JAFFE, A, TRAJTENBERG, et al., 2000. The meaning of patent citations: report on the NBER/Case – Western

Reserve Survey of Patentees [J]. NBER working papers, No. 7631.

JAFFE, A B, 1989. Real effects of academic research [J]. American economic review, (79): 957 -970.

JAFFE, A B, TRAJTENBERG, et al., 1993. Geographic localization of knowledge spillovers as evidenced by patent citations [J]. Quarterly journal of economics, (108): 577 -598.

JORGENSON, D, GRILICHES, et al., 1967 . The explanation of productivity change [J]. The review of economic studies, 34 (3): 249 -283.

JOVANOVIC, B, 1982. Selection and the evolution of industry [J]. Econometrica, 50 (3): 649 -70.

JUAN J LUCIO D, JOSE A HERCE, ANA GOICOLEA, 2002. The effects of externalities on productivity growth in Spanish industry [J]. Regional science and urban economics, (32): 241 -258.

KRUGMAN P, 1991. Geography and Trade, MIT Press, Cambridge.

KRUGMAN, P, 1991. Increasing returns and economic geography [J]. Journal of political geography, 99 (3): 483 -499.

LAZAERETTI, L, BOIX, et al., 2009. Why do creative industries cluster? An analysis of the determinants of clustering of creative industries [J]. IERMB working paper, (57).

LEVINSOHN, J, PETRIN, et al., 2003. Estimating production functions using inputs to control for unobservables [J]. The review of economic studies, 70 (2): 317 -341.

LI, D, LU, et al., 2012. Industrial agglomeration and firm size: evidence from China [J]. Regional science & urban economics, 42 (1): 135 -143.

LIN, H L, LI, et al., 2011. Agglomeration and productivity: firm - level evidence from China's textile industry [J]. China economic review, 22 (3): 313 -329.

LU, J, TAO, et al., 2009. Trends and determinants of China's industrial agglomeration [J]. Journal of urban economics, 65 (2): 167 -180.

MALMBERG A, MASKELL P, 2002. The elusive concept of localization economies: towards a knowledge - based theory of spatial clustering [J]. Environment and planning A, 34: 429 -449.

MARCON E, PUECH F, 2003. Evaluating the geographic concentration of industries using distance - based methods [J]. Journal of economic geography, 3: 409 -428.

MARSHALL A F, 1920. Principles of economics London: MacMillan [J]. Political science quarterly, 31 (4): 430 -444.

MARTIN R, SUNLEY P, 2003. Deconstructing clusters: chaotic concept or policy panacea? [J]. Journal of economic geography, 3.

MAUREL F, SEDILLOT B, 1999. A measure of the geographic concentration in French manufacturing industries [J]. Regional science and urban economics, 29: 575 -604.

MAUREL F, SEDILLOT B, 1999. A measure of the geographic concentration in french manufacturing industries [J]. Regional science and urban economic, (29): 575 -604.

MENZ N, OTT I, 2011. On the role of general purpose technologies within the Marshall - Jacobs controversy: the case of nanotechnologies [J]. Working paper series in economics, (18): 1 -30.

O'DONOGHUE D, GLEAVE B, 2004. A note on methods for measuring industrial agglomeration [J]. Regional studies, 38 (4): 419 -427.

OLLEY, G, PAKES, et al. , 1992. The dynamics of productivity in the telecommunications equipment industry [J]. NBER working paper, No. 3977.

OTTAVIANOG, TABUCHI T, THISSE J, 2002. Agglomeration and trade revisifed [J]. Imternational economic reniew, 43 (2): 409 -435.

RIPLEY B D, 1977. Modelling spatial patterns [J]. Journal of the royal statistical society B, 39: 172 -212.

ROEPKE H, ADAMS D, WISEMAN R, 1974. A new approach to the identification of industrial complexes using input - output data [J]. Journal of regional science, (14): 15 -29.

SAXENIAN, A, 1994. Regional advantage: culture and competition in silicon valley and route 128. Harvard University Press, Cambridge.

SBERGAMI F, 2002. Agglomeration and Economic Growth: Some Puzzles [J]. HEI working paper, 2 (27).

SONG LEE B, SOOMYUNG J, HYO HONG S, 2010. Marshall's scale economies and jacobs' externality in Korea: the role of age, size and the legal form of organisation of establishments [J]. Urban studies, (12): 3131 -3156.

STREIT M E, 1969. Spatial associations and economic linkages between industries [J]. Journal of Regional Science (9): 177 -188.

STUART S ROSENTHAL, WILLIAM C STRANGE, 2004. Evidence on the nature and sources of agglomeration economies [J]. Handbook of regional and urban economics, 2119 -2171.

VAN DER PANNE G, VAN BEERS C, 2006. On the Marshall - Jacobs Controversy: It takes two to tango [J]. DRUID Working Paper, 1 -22.

YANG, C H, LIN, et al. , 2013. Influences of production and R&D agglomeration on productivity: evidence from chinese electronics firms [J]. China economic review, 27: 162 - 178.